AF455957

LE

VAISSEAU PATRON

SOLUTION DU PROBLÈME
DE L'ORGANISATION DU PERSONNEL MATELOT
DE LA MARINE FRANÇAISE ;

Par F. X. **FRANQUET**,
Lieutenant de Vaisseau en retraite.

PARIS
LIBRAIRIE MILITAIRE, MARITIME ET POLYTECHNIQUE
J. CORRÉARD,
Libraire-éditeur et libraire-commissionnaire,
RUE SAINT-ANDRÉ-DES-ARTS, 58.

1860

LE VAISSEAU PATRON

Solution du problème de l'organisation du personnel matelot de la marine française.

Paris. — Imprimerie MOQUET, rue des Fossés-Saint-Jacques, 11.

LIBRAIRIE

MILITAIRE, MARITIME

ET

POLYTECHNIQUE

J. CORRÉARD,

LIBRAIRE-ÉDITEUR ET LIBRAIRE-COMMISSIONNAIRE.

PARIS

58, RUE SAINT-ANDRÉ-DES-ARTS.

1860.

A Messieurs les Officiers de l'armée.

MESSIEURS,

J'ai l'honneur de vous adresser le Catalogue des livres militaires dont je suis éditeur. Je pense que l'utilité de ces publications vous déterminera à fixer votre choix sur quelques-uns de ces onvrages, et pour vous en faciliter l'acquisition, je viens vous les offrir :

à 12 mois de crédit pour les commandes au-dessus de 100 fr.
à 6 mois. . . . id. . . . au-dessus de 50 fr.
à 3 mois. . . . id. . . . au dessus de 25 fr.
à la condition que le prix total de ces commandes sera payable en un mandat ***sur la caisse du Trésorier***.

Je profiterai de cette occasion pour vous rappeler, Messieurs, que j'édite tous les ouvrages relatifs à l'art et à la science militaires. Si vous aviez qnelque traité ou mémoire que vous voulussiez publier, je vous prierais de m'en adresser le manuscrit par la diligence; et, après en avoir pris connaissance, j'aurais l'honneur de vous faire mes propositions.

Veuillez agréez, Messieurs, l'hommage de la haute estime et de l'entier dévouement avec lesquels j'ai l'honneur d'être votre très-humble et très-obéissant serviteur.

J. CORRÉARD,

ancien ingénieur.

NOTA. — J'ai l'honneur de faire à MM. les Officiers mes offres de service pour tous les livres dont ils pourraient avoir besoin; je les leur procurerai, mais à condition qu'ils m'autoriseront, pour tous les ouvrages militaires, ou autres, dont je ne suis pas l'éditeur, à tirer sur eux, à *quatre-vingt-dix jours* de date, à partir du jour de l'envoi.

En envoyant un mandat ou des timbres de poste à l'éditeur, on reçoit *franco* les ouvrages demandés.

Les lettres et paquets doivent être adressés francs de port.

CATALOGUE

DES

LIVRES MILITAIRES

PUBLIÉS PAR J. CORRÉARD,

Ancien Ingénieur.

ALLIX. *Sur l'Ordonnance relative au personnel de l'artillerie*, in-8, 1832. 1 fr. 25.

ANDRÉOSSY. *Opérations des pontonniers français en Italie*, avec planches, 1 vol. in-8, 1843. 7 fr. 50.

ANITSCHKOF. *La campagne de Crimée*. trad. par C. Soye. in-8°, 1858, avec quatre plans. 10 fr.

ARCY. *Mémoire sur la théorie de l'Artillerie*, avec pl., in-8, 1846. 2 fr. 75.

ARTILLERIE A CHEVAL (l') dans les combats de cavalerie, in-8, 1840. 2 fr. 75.

AUGOYAT. *Mémoires inédits du maréchal de Vauban* sur Landeau, Luxembourg et divers sujets, extraits des papiers des ingénieurs Hüe de Caligny, et précédés d'une notice historique sur ces ingénieurs, siècles de Louis XV, 1 vol. in-8, 1841. 7 fr. 50.

ARTILLERIE NOUVELLE (1850), ou Considérations sur les progrès récents faits dans l'art de lancer des projectiles, par M.***, capit. d'artillerie, in-8, 1850. 2 fr.

† BARAULT-ROULLON. *Le maréchal Suchet, duc d'Albufera*. Eloge couronné par l'Académie impériale des sciences, belles-lettres et art de Lyon, le 21 juin 1853, in-8. 4 fr.

BARDIN (général). *Notice historique sur Guibert*, (Jacques-Antoine-Hyppolyte, comte de), in-8, 1836. 2 fr.

BESSOLO (Alexandre). *Mémoire sur quelques applications de l'électricité à l'Artillerie*. Premier mémoire présenté au corps d'Artillerie de Sardaigne, le 12 mars 1854, par le lieutenant Alexandre Bessolo, in 8°, avec 4 planches. 1857. 3 fr.

BIRAGO. *Recherches sur les Equipages de ponts militaires* en Europe, avec 4 planches, 1 vol. in-8, 1845. 7 fr. 50

BIRINGUCCIO. *Traité de la fabrication des bouches à feu de bronze*. Traduit par Rieffel, professeur aux Ecoles d'artillerie, in-8, avec 2 pl. 1856. 3 fr.

BLANCH (Luigi). *De la science militaire* considérée dans ses rapports, avec les autres sciences et avec le système social. 1 vol. in-8, 1854. 7 fr. 50.

BLESSON (Louis). *Esquisse historique de l'art de la fortification permanente*, traduite de l'allemand par Ed. de la Barre Duparcq, 1 vol. in-8, avec planches, 1849. 5 fr.

BLOIS (de) *Bombardement de Schweidnitz* par les français, en 1807, in-8, avec plans, 1849. 2 fr. 50.

BORDA. *Mémoire sur la courbe décrite par les boulets et les bombes* en ayant égard à la résistance de l'air, avec planche, in-8, 1846. 3 fr.

BORMANN. *Expériences sur les Shrapnels*. Nouveaux développements sur les résultats obtenus en Belgique, in-8, avec planches, 1848. 2 fr.

BORN. *Notice historique sur les Ponts militaires* depuis les temps les plus reculés jusqu'à nos jours, 1 vol. in-8, 1858. 5 fr.

— *Relation des Opérations de l'artilerie française*, en 1823, au siége de Pampelune, et devant Saint-Sebastien et Lerida, suivie d'une Notice sur les opérations de l'artillerie dans la vallée d'Urgel en 1823, in-8, 1833. 4 fr.

BRADDOCK. *Mémoire sur la fabrication de la poudre à canon*, traduit de l'anglais, et accompagné de notes et remarques, par Gabriel Salvador. 1 vol. in-8, 1848. 5 fr.

BREITHAUPT. *Leçons sur la théorie de l'Artillerie*, destinées aux officiers de toutes armes. 1 vol. in-8, avec pl., 1842. 7 fr. 50.

BRUSSEL DE BRULARD. *Mémoire sur les fusées de guerre*, 1 v. in-8, avec atlas in-fol. 1833. 15 fr.

BUNSEN. *Théorie chimique de la poudre* trad. par A. TERQUEM, in-8°, avec pl. 1859. 3 fr.

†BURG. *Traité de Dessin géométrique* ou Exposition complète de l'art du dessin linéaire de la construction des ombres et du lavis, à l'usage des industriels, des savants et de ceux qui veulent s'instruire sans le secours de maîtres, 2 vol. in-4 dont un de 50 planch., 1847. 12 fr.

CANITZ (le baron de) *Histoire des Exploits et des Vicissitudes de la cavalerie prussienne* dans les campagnes de Frédéric II. Taduit de l'allemand. 1 vol. in-8. 4 fr

ÇARRE *Expériences physiques* sur la Réfraction des balles de mousquet dans l'eau et sur la résistance de ce fluide, in-8, avec planches, 1846. 2 fr. 50

ÇARTHAGE RETROUVÉE. C'est à Bougie de l'Algérie qu'a existé Carthage, in-8, 1857. 1 fr.

† CAVALLI (J.). *Mémoire sur les équipages de ponts militaires*, 1 vol. in-8, avec 10 planches, 1843. 4 fr.

— *Mémoire sur les canons se chargeant par la culasse, sur les canons rayés* et sur leur application à la défense des places et des côtes, 1 vol. in-8, avec atlas in-fol., 1849. 15 fr.

CHAMBERET (De), chef d'escadron d'état-major, ancien aide de camp du grand chancelier de la Légion d'honneur. *Manuel du Légionnaire* ou Recueil des principaux décrets, lois, ordonnances, etc. relatifs à l'ordre de la Légion d'honneur depuis l'époque de sa création jusqu'à nos jours ; précédé d'un Précis historique sur la Légion d'honneur, et suivi des décrets sur les maisons d'éducation de l'Ordre, sur l'institution de la médaille militaire, sur les secours annuels et viagers accordés aux anciens militaires de la République et de l'Empire, et sur les ordres étrangers.

Cet ouvrage se termine par un formulaire de toutes les demandes que l'on peut avoir à adresser au grand chancelier de la Légion d'honneur, soit pour l'admission d'une fille à Saint-Denis, soit pour l'obtention d'un secours viager, d'une gratification comme Légionnaire, etc., etc.

Seconde édition considérablement augmentée. 1 v. in-3° broché : 5 fr.; cartonné : 6 fr.; relié en chagrin et filets d'or. 1854. 7 fr. 50.

CHAPUIS. *Campagne de 1812 en Russie Observations sur la retraite du prince Bagration*, commandant en chef de la deuxième armée russe, in-8, 1856. 5 fr.

— *Bérézina*. 1 v. in-8, 1857. 7 fr. 50,

CHARLES (le prince). *Principes de la grande guerre*, suivis d'exemples tactiques raisonnés de leur application, à l'usage des généraux de l'armée autrichienne. Publication officielle traduite de l'allemand, par Ed. de La Barre Duparcq, capitaine du génie, professeur d'art militaire à l'Ecole spéciale militaire de St-Cyr, in-fol. jésus avec 25 cartes coloriées avec le plus grand soin. 1856. 125 fr.

CHAUCHAR. *Examen critique des mémoires sur l'Algérie*, rédigés par le brigadier don Crispin de Sandoval, etc. in-8, 1854. 2 fr.

CHEVALIER. *Des effets de la poudre* à canon, principalement dans les mines, in-8, 1846. 2 fr.

† CHOUMARA (Th.), ingénieur militaire, ancien élève de l'Ecole polytechnique. *Considérations militaires sur les Mémoires* du maréchal Suchet et sur la bataille de Toulouse ; deuxième édition, augmentée de la correspondance entre un ingénieur militaire français et le duc de Wellington sur cette bataille, 2 vol. in-8, avec plan, 1840. 4 fr.

CLARINVAL, capitaine d'artilerie, professeur de mécanique à l'Ecole d'application. *Note sur la dépense des déversoirs verticaux*, in-8°, 1859. 3 fr.

— *Expériences sur les machines à percer les métaux*, exécutées par ordre de M. le général d'artilerie Mazure, commandant l'Ecole d'application, in-8°, 1859. 5 fr.

— *Expériences sur le marteau pilon à came et à ressorts de M. Schmerber, et sur la dureté des corps*, in-8, 1860 avec 2 planches. 4 fr.

CLAUSEWITZ (le général Charles de) *De la guerre*, publication posthume, traduite de l'allemand, par le major d'artillerie Neuens, 3 vol. in-8, en 6 parties, 1852. 30 fr.

CLONARD (le comte de), *utilité d'écrire l'histoire des régiments de l'armée*, opuscule suivi de l'histoire du régiment de Jaën. Traduction de l'Espagnol par Ed. de La Barre Duparcq, in-8, 1851. 4 fr.

COLLECTION de Plans généraux d'ensemble et de détail, représentant les bâtiments, machines, appareils et outils actuellement employés dans les fonderies de la marine royale à Ruelle et Saint-Gervais. Publication faite avec l'autorisation du ministre de la marine et des colonies, atlas grand in-fol. 1842. 30 fr.

COLONJON (de), chef d'escadron au 2e régiment de chasseurs d'Afrique : *Précis de la vie des grands capitaines*, in-8, 1857. 5 fr.

COOPER (J.-F). *Histoire de la Marine des Etats-Unis d'Amérique*. Traduit de l'anglais par Paul Jessé, avec plans, 2 vol. in-8, en quatre parties, 1845 et 1846. 25 fr.

CONSIGNE GÉNÉRALE POUR LES POSTES, *une feuille in plano*, 1858. 50 c.

CONFÉRENCES SUR LE TIR à l'usage des armées de terre et de mer par un capitaine instructeur de tir, in-8o, avec 8 planches, 1860. 5 fr.

COQUILHAT. *Expériences sur la résistance* produite dans le forage des bouches à feu faites à la fonderie de canons, à Liége, en 1841, in-8, avec planches, 1843. 3 fr. 50

— *De la quantité de travail absorbée* par les frottements dans le forage des bouches à feu à à la fonderie royale de canons de Liége, in-8, 1847. 1 fr. 50.

— *Expérience sur la résistance utile* produite dans le forage du fer forgé, de la pierre calcaire et du grès ainsi que dans le forage et le sciage du bois, faites à Tournay, en 1848 et 1839, br. in-8, 1850. 3 fr. 50.

— *Expériences faites à Ypres, en 1850 sur la pénétration dans les terres* de sondes en fer enfoncées par les chocs d'un bélier et application des fourneaux de mines cylindriques et horizontaux à l'ouverture des tranchées, in-8, avec pl. 1851. 3 fr.

— *Notes sur les projectiles creux et sur les bouches à feu*, résistance à la rupture, tension des gazes, etc., in-8, 1854. 3 fr.

— *Projets de deux canons à bombes* pour l'artillerie de côte du calibre de 0,20 et 0, 29, avec planche, in-8, 1854. 3 fr.

CORDA (le baron). *Mémoire sur le service de l'artillerie*, spécialement sur le meilleur mode de chargement des bouches à feu, avec planches, 1 vol. in-8, 1845. 7 fr. 50

CORNULIER (M.-E.). *Mémoire sur le pointage des mortiers à la mer*, et sur les améliorations du système des hausses marines, avec planches, broch. in-8, 1841. 3 fr.

— *Propositions et Expériences* relatives au pointage des bouches à feu en usage dans l'artillerie navale, avec planches, 1 vol. in-8, 1843 7 fr. 50

CORRÉARD (J.), ancien ingénieur. *Recueil de documents sur l'expédition de Constantine* par les Français, en 1837, pour servir à l'histoire de cette campagne, 1 vol. in-8, avec atlas in-folio 1838. 15 fr.

— *Histoire des fusées de guerre*, ou recueil de tout ce qui a été publié ou écrit sur ce projectile, suivie de la description et de l'emploi des obus à mitraille dits Shrapnels, et des balles incendiaires, 1er volume avec atlas, 1841. 15 fr.

— *Recueils sur les Reconnaissances militaires*, d'après les auteurs les plus estimés, formant un Traité complet sur la matière, 1 vol. in-8, et atlas, 1845. 15 fr.

— *Guide maritime dans la mer Noire et la mer d'Azof*. Un fort volume in-8, avec un atlas composé de 40 planches, contenant 82 cartes, plans, vues, etc., 1854. Prix de l'ouvrage complet : 30 fr.

COURS sur le service des officiers d'artillerie dans les fonderies, approuvé par le ministre secrétaire d'Etat de la guerre, le 16 octobre 1839, 1 vol. in-8, et Atlas, 1841. 15 fr.

COURS sur le service des officiers d'artillerie dans les forges, approuvé par le ministre de la guerre, 13 août 1837, deuxième édition, revue et considérablement augmentée, 1 vol. in-8, et atlas. 1846. 15 fr.

COYNART (de), *Transport d'une armée russe* sur les bords du Rhin, par les chemins de fer de Czenstochow à Cologne, in-8, 1850. 2 fr.

— *Note sur les conditions générales des transports de troupes par les chemins de fer*, in-8, 1856.

— *Réglements concernant le transport des troupes* de toutes armes par les chemins de fer, approuvés par M. le maréchal ministre de la guerre, le 6 novembre 1855. 1 vol. in-8, avec 14 planches, 1856.

NOTA. — Nous avons joint aux circulaires et règlements du 6 novembre 1855 l'instruction du 24 avril de la même année, sur le transport des chevaux de remonte, et les diverses décisions ministérielles qui ont paru successivement depuis 1851. Notre édition formera donc un Code complet sur la matière, et MM. les officiers voyageant en corps ou isolément, y trouveront tout ce qui peut les éclairer sur leurs droits et leurs obligations. Le prix des deux brochures est de : 4 fr.

DECKER. *Rassemblement, campement et grandes manœuvres* de troupes russes et prussiennes, réunies à Kalisch pendant l'été de 1835, avec plans, suivi de deux notes supplémentaires sur le camp de Krasnoïe-Solo, et l'autre sur la nouvelle orgamisaéion de l'armée russe, in-8, 1836, 3 fr. 75.

— *Batailles et principaux combats de la guerre de Sept-ans*, considérés principalement sous le rapport de l'emploi de l'artillerie avec les autres armes, revu par J. H. Le Bourg, chef d'escadron au 7e régiment d'artillerie, 1 v. in-8 et atlas in-4, 1839 et 1840. 22 fr. 50.

— *Supplément à la troisième édition de la Petite guerre*, in-8, 1840. 2 fr. 75.

—*De la petite guerre* selon l'esprit de la stratégie moderne. traduit de l'allemand, par L.-A. Unger, avec planches, 1 vol. in-12, 1843. 6 fr.

Expériences sur les Shrapnels faites chez la plupart des puissances de l'Europe, accompagnées d'observations sur l'emploi de ce projectile. Ouvrage traduit de l'allemand et notablement augmenté par Terquem, professeur aux écoles d'artillerie, bibliothécaire du dépôt central d'artillerie et Favé, capitaine d'artillerie, 1 vol. in-8, avec quatre planches, 1847. 8 fr.

— *Les trois armes ou Tactique divisionnaire*, traduit en français sur la traduction anglaise du major J Jones, et annoté par A. Demanne, capitaine d'artillerie, in-8. 4851. 4 fr.

DEL CAMPO DIT CAMP (W.-J). *Mémoire sur la Fortification*, contenant l'indication et le développement de moyens efficaces de défense, 1 vol. in-8, avec planches, 1840. 7 fr. 50.

— *Deuxième mémoire sur la fortification*, contenant l'analyse de la dépense d'exécution, et le projet d'ataque d'un front bastionné à murailles isolées d'après les iéées développées dans le premier mémoire, in-8, et atlas. 1830. 15 fr.

DELPRAT (J.P.). *Théorie de la Poussée des terres* contre les murs de revêtement, in-8, avec planches, 1846. 3 fr. 50.

DELVIGNE (Gustave). *De la création et de l'emploi de la force armée*, 1 vol. in-12, 1848. 75 c.

DEVELAY (Victor). *La Bourgogne pendant les Cent jours*, d'après les documents originaux et les traditions contemporaines, 1 vol, in-8, avec planche, 1860. 5 fr.

— *Végèce traité de l'art militaire*, traduction nouvelle, in-8, 1859. 4 fr.

— *Salluste conjuration de Catilina*, traduction nouvelle, in-8, 1859. 3 fr.

D'HERBELOT, chef d'escadron d'artillerie. *Industrie militaire*, in-8, 1850. 2 fr.

DOCUMENTS relatifs au Coton détonant, in-8, 1847. 3 fr. 50.

DOCUMENTS relatifs à l'emploi de l'Electricité, pour mettre le feu aux fourneaux des mines, et à la démolition des navires sous l'eau, broch. in-8, avec pl., 1841, 3 fr.

DOCUMENTS relatifs aux campagnes en France et sur le Rhin, pendant les années 1792 et 1693, 1 vol. in-8, 1848. 6 fr.

DOCUMENTS OFFICIELS sur la campagne d'Italie en 1859, suivis des Ephémérides et accompagnés de 4 plans, 1 vol. in-8, 1860. 5 fr.

DOUGLAS. *Traité d'Artillerie navale*, trad. de la 3 partie, par F. Blaise. in-8, 1835. 7 fr. 50

DUB. *Manuel* concernant la connaissance, la fabrication, le maniement, la comptabilité des Armes à feu, de leurs munitions, ainsi que les exercices du tir à la cible dans l'armée Autrichienne. Trad. par Rieffel, 1 vol. in-8, avec pl. 1838. 7 f. 50.

DUBOURG (général). *Organisation défensive de la France*. In-8, 1841. 2 fr. 75.

— *Sur l'inscription maritime*. Son illégalité, ses vices et les entraves qu'elle met au développement de la marine marchande et du commerce maritime, in-8. 2 fr.

— *Les principes de l'organisation de la marine de guerre*, suivis de vues nouvelles sur la restauration du commerce maritime de la France, 1 vol. in-8°, 1848. 6 fr.

DUCASSE. *Précis historique des Opérations de l'armée de Lyon*, en 1814, 1 vol. in-8, 1819. 6 fr.

† — *Opérations du neuvième corps de la grande armée en Silésie* sous le commandement en chef de S. A. I. le prince Jérôme Napoléon (1806 et 1807), 2 vol. in-8 avec atlas, in-f°. 1851. 9 fr.

DUHAMEL. *Expériences sur quelques Effets de la poudre à canon*, in-8, avec planches, 1846. 2 fr. 30.

DUPUGET. *De la construction des batteries* dans la pratique de la guerre, avec une notice de M. Favé, in-8, 1846. 2 fr.

DUSAERT (Edouard) *Essai sur les Obusiers*, 1 vol. in-8, 1843. 7 fr. 50.

ESPIARD DE COLONGE. *Artillerie pratique* employé sous les règnes et dans les guerres de Louis XIV et Louis XV, ouvrage inédit. Seules tables de l'artillerie française avant Gribeauval, 2 vol. in-4, dont 1 de planches, 1846. 25 fr.

ESSAI sur les Chemins de fer, considérés comme lignes d'opérations militaires ; suivi d'un projet de système militaire de chemins de fer pour l'Allemagne ; traduit de l'allemand par L.-A. Unger, professeur, 1 vol. in-8, avec une carte, 1844. 8 fr.

ÉTUDES POLITIQUES ET MILITAIRES. Revue du monde militaire actuel, 1 vol. in-8, 1848. 6 fr.

ÉTUDES SUR LES SUBSISTANCES MILITAIRES. Réforme de l'administration actuelle, ou le mal et le remède, broch. in-8, 1850. 2 fr.

EXAMEN du Système d'Artillerie de campagne de M. le lieutenant général Allix (janvier 1826), broch. in-8. 1841. 2 fr.

EXPÉRIENCES faites à Brest, en janvier 1824, du nouveau système de Forces navales proposé par M. Paixhans ; suivies des Expériences comparatives des canons de 80 avec ceux de 36 et 24, et caronades de ces deux derniers calibres, exécutées en vertu d'une dépêche ministérielle en date du 10 août 1824 ; la première en rade de Brest, sur un ponton servant de batterie, et la deuxième sur une batterie installée à terre pour cet effet, in-8, 1837. 3 fr.

EXPÉRIENCES sur différents espèces de Projectiles creux, faites dans les ports en 1820, 1831, et 1833, broch. in-8, avec un grand nombre de tableaux, 1837. 3 fr.

EXPÉRIENCES auxquelles ont été soumis en 1835, à bord de la frégate *la Dryade*, divers objets relatifs à l'artillerie, broch. in-8. 1837. 2 fr. 50.

EXPÉRIENCES sur les Poudres de guerre, faites à Esquerdes, dans les années 1832, 1833, 1834 et 1835, suivies de notices sur les Pendules balistiques et les pendules canons, avec figures et tableaux, broch. in-8, 1837. 5 fr.

EXPÉRIENCES comparatives faites à Gavre, en 1836, entre des bouches à feu en fonte de fer d'origines française, anglaise et suédoise, avec tableaux et dessins, broch. in-8, 1837. 5 fr.

EXPÉRIENCES faites à Esquerdes en 1834 et 1835, entre les Poudres fabriquées par les meules et les poudres fabriquées par les pilons; en conséquence des ordres de M. le lieutenant général vicomte Tirlet, inspecteur général d'artillerie, broch. in-8, 1849. 2 fr. 75.

EXPÉRIENCES d'Artillerie exécutées à Gavre par ordre du ministre de la marine, pendant les années 1830, 1831, 1832, 1834, 1835, 1836, 1837, 1838 et 1840, 1 vol. in-4, avec planches, 1841. 10 fr.

EXPÉRIENCES comparatives faites à Brest et à Lorient en 1840, sur les pitons à fourches et les crampes avec manilles, broch. in-8, 1841. 3 fr.

EXPÉRIENCES (suite des) d'Artillerie exécutées à Gavre par ordre du ministre de la marine. Recherches expérimentales sur les déviations des projectiles. Ce rapport est suivi d'un mémoire sur les déviations moyennes des projectiles, 1 vol. in-4, 1844. 6 fr.

EXPÉRIENCES d'Artillerie exécutées à Lorient à l'aide des pendules balistiques par ordre du ministre de la marine, 1 vol. in-4, avec tableaux, 1847. 8 fr.

EXPÉRIENCES sur les artifices de guerre faites à Toulouse en 1820, in-8, 1849. 4 fr.

EXPÉRIENCES DE BAPAUME. Rapport fait à M. le ministre de la guerre par la Commission mixte des officiers d'artillerie et du génie, instituée le 12 juin 1847, pour étudier sur les fortifications de Bapaume, les principes de l'exécution des brèches par le canon et par la mine. Ouvrage publié avec l'autorisation du ministre de la guerre, en date du 24 oct. 1850. 1 vol. in-8, avec 28 planches, 1852. 20 fr.

EXPÉRIENCES sur la fabrication et l'épreuve de canons de fer, coulés à la fonderie du sud de Boston en 1844, in-8, avec planches, 1860. 3 fr.

EXPÉRIENCES faites à la fonderie Sud de Boston en 1844, pour déterminer la force transversale de différentes espèces de fer fondu, etc., etc. in-8, 1860. 3 fr.

EXPÉRIENCES faites pour déterminer la force de diverses espèces de fer fondu, in-8, 1860. 3 fr.

EXPÉRIENCES faites pour déterminer l'effet produit sur la qualité du fer en canons, pour un refroidissement lent ou rapide de la coulée, in-8, 1860. 2 fr.

EXPÉRIENCES sur la fabrication de canons en fer de 24 livres, à la fonderie Sud de Boston, in-8, 1860. 2 fr.

EXPÉRIENCES sur la fabrication de 100 obusiers en fer, de 24 livres, à la fonderie d'Alger à Boston, en 1849, in-8, 1860. 3 fr.

EXPÉRIENCES sur la fabrication et l'épreuve de Colombiades de 8 pouces, coulées dans les ateliers du Fort Pitt, le 4 août 1849, in-8, avec planche, 1860. 3 fr.

EXPÉRIENCES sur la fabrication et l'épreuve à l'extrême de deux colombiades de 8 pouces et de 2 de dix pouces, une de chaque espèce ayant été fondue pleine et l'autre creuse, in-8, avec 3 planches, 1860. 5 fr.

EXPÉRIENCES faites en 1850-1851 sur la fabrication de canons de 32 livres, pour armement des côtes, coulés aux fonderies sud de Boston, de West-Point et de Fort-Pitt, in-8 avec planche, 1860. 5 fr.

EXPÉRIENCES sur la dureté des métaux, in-8, avec planche, 1860. 3 fr.

FABAR, capitaine d'artillerie. *L'Algérie et l'opinion*, in-8, 1847. 3 fr. 50.

— *Camps agricoles de l'Algérie*, ou Colonisation civile par l'emploi de l'armée, in-8, 1857. 3 fr. 50.

FABRE (ÉLIE). *Manuel des sous-officiers* d'infanterie et de cavalerie à l'usage des écoles régimentaires du deuxième degré, publié avec l'autorisation du Ministre de la guerre, 1 vol. in-18 jésus. 1852 4 fr.

FAVÉ, capit. d'artillerie. *Nouveau système de Défense des places fortes*, 1 vol. in-8, avec atlas in-folio, 1841. 12 fr.

— *Des nouvelles Carabines* et de leur emploi. Notice historique sur les progrès effectués en France depuis quelques années dans l'accroissement des portées et dans la justesse de tir des armes à feu portatives, in-8, 1847. 2 fr. 50.

FISCHMEISTER (J.). *Traité de Fortification passagère*, d'attaque et de défense des postes et retranchements, suivi d'un Appendice sommaire sur les Ponts militaires, à l'usage des écoles d'artillerie d'Autriche, avec atlas, traduit de l'allemand par Rieffel, professeur de sciences appliquées à l'Ecole d'artillerie de Vincennes, 1 vol. in-8, avec atlas, 1845. 15 fr.

FORCE ARMÉE (la) mise en harmonie avec l'état actuel de la société, par un officier étranger, in-8, 1836. 2 fr. 50.

FRANQUET (F. X.) Lieutenant de vaisseau en retraite. *Le vaisseau Patron* solution du problème de l'organisation du personnel matelot de la marine française, in-8°, 1860. 4 fr.

FYERS. *Note sur les Ressources défensives* de la Grande-Bretagne, traduit de l'anglais par V.-A. de Manne, in-8. 3 fr.

GALVANI. *Nouveaux mémoires* sur la fin tragique de Joachim Murat, roi de Naples, illustrés de 2 pl. et d'une carte militaire de l'Italie, in-8, 1850. 5 fr.

GAUGLER (de). Les compagnies d'aérostiers militaires sous la république, in-8, 1857. 2 fr.

— *Essai d'une description de l'armement rayé* de l'infanterie Européenne en 1858. 1 vol. in-8°, avec atlas de 30 planches. 15 fr.

GIRARD (A). *Cours d'histoire* conforme au programme du 17 septembre 1853, 1 vol, in-8° avec une carte militaire et historique de la France. 7 fr. 50.

— *Ballons hydrauliques* de l'emploi de la force ascensionnelle des Ballons (à enveloppe constante) dans l'eau comme force motrice de va-et-vient, applicable à toutes les machines fixes et mouvantes en usage dans l'industrie, la navigation à vapeur et la locomotion rapide sur les chemins de fer in-8, avec pl. 1858. 3 fr.

— *Machines à Ballons* ou soufflets hydrauliques. De leur emploi comme locomotives sur les chemins de fer. Comme soufflets hydrauliques dans la navigation aérienne et comme moyens de traction verticale pour extraire les maté-

riaux des mines et des puits des tunels, remonter les trains, etc., in-8°, avec pl. 1858. 3 fr.
— *Étude sur Tourane* et la Cochinchine, in-8, avec 2 cartes. 3 fr.
— *Essai sur la locomotion universelle* à obtenir de la pression de l'atmosphère. in-8, avec pl. 1859. 3 fr.
GIRARDIN. *Des Inconvénients de fortifier les villes capitales* et d'avoir un trop grand nombre de places fortes, in-8, 1839. 2 fr. 75.
GRÆVENITZ. *Mémoire sur la Trajectoire* des projectiles de l'artillerie, suivi de Tables et de Règles pratiques pour la détermination des portées. Traduit par Rielfel, professeur à l'Ecole d'artillerie de Vincennes, in-8, 1845. 4 fr.
GRIFFITHS. *Manuel de l'Artilleur anglais*, 3e édit., publiée par ordre du gouvernement ; traduit de l'anglais par Rieffel, 1 vol. in-8, avec planches, 1848. 12 fr.
GRIVET. *Aide-Mémoire de l'ingénieur militaire*, 1 fort vol. in-8, avec dix planches, 1859. 12 fr. 50.
GUIDE pratique pour l'enseignement du service des troupes en campagne dans les écoles de bataillon ; par un officier d'infanterie saxonne ; traduit de l'allemand par un officier d'état-major, in-12, 1844. 3 fr.
GUIDE pour l'Instruction tactique des officiers d'infanterie et de cavalerie ; traduit de l'allemand par L.-A. Unger, avec carte trois parties in-8, à 5 fr. chacune, 1846. 15 fr.
HELIE. Mémoire sur la probabilité du tir des projectiles de l'artillerie navale. 2e édition, publiée avec l'autorisation du ministre de la marine et des colonies, in-8, avec un grand nombre de tableaux et de figures, 1856. 10 fr.
NOTA. — MM. les officiers français pourront se procurer cet ouvrage en adressant leur demande par écrit à l'éditeur avec un mandat de poste de 8 fr.
HERRERA GARCIA. *Théorie analytique de la Fortification permanente*, traduit par Ed. de La Barre Duparcq, 1 v. in-8, avec atlas in-4, 1847. 15 fr.
HISTOIRE résumée de la Guerre d'Alger, broch. in-8, avec portrait, 1830. 1 fr. 50.
HOMILIUS. *Cours sur la Construction et la Fabrication des armes à feu*, traduit de l'allemand par Lenglier, 1 vol. in-8, avec planches, 1843. 7 fr. 50.
HUE DE CALIGNY (Louis-Roland). *Traité de la Défense des places fortes*, avec application à la place de Landau, rédigé en 1723, précédé d'un avant-propos par M. Favé, avec plan ; ouvrage orné du portrait de l'auteur, 1 vol. in-8, 1846. 7 fr. 50.
HUMFREY (J.-X.). *Essai sur le système moderne de Fortification* adopté pour la défense de la frontière rhénane ; traduit de l'anglais, 1 vol. in-folio, 1843. 12 fr.
INSTRUCTION sur le Pointage des bouches à feu, à l'usage des sous-officiers de l'artillerie de la marine, avec Tables supplémentaires pour le tir du canon de 12 court et des obusiers de 0,mètre 27 cent., broch. in-12. 1844. 1 fr.
INSTRUCTION sur le service et les manœuvres de l'Equipage de pont d'avant-garde et de divisions, à l'usage de l'artillerie, approuvée par le ministre secrétaire d'Etat de la guerre le 9 juillet 1840, in-8, 1841. 5 fr.
JACOBI (A.), *État actuel de l'Artillerie de campagne en Europe*. Ouvrage traduit de l'allemand. Artillerie.
— autrichienne (2 liv.) 11 fr. 50.
— bavaroise (2 liv.). 11 fr. 50.
— française. 5 fr. 75.
— néerlandaise. 5 fr. 75.
— suédoise. 5 fr. 75.
— wurtembergeoise. 5 fr. 75.
In-8, 1844-1845-1849-1854, 8 livraisons. 46 fr.
JAVARY. *Études sur le gouvernement militaire de l'Algérie*, in-8, 1855. 4 fr.
KAMPTZ. *Influence des Progrès du fusil d'infanterie* sur la construction des batteries de siége. trad. de l'allemand par Henry Benoit, in-8. 1 fr. 50.
LA BARRE DU PARCQ (Ed. de), capitaine du génie, professeur d'art militaire à l'Ecole de St-Cyr. *De la fortification à l'usage des gens du monde*, in-8, avec pl. 1844. 2 fr. 50.
— *Biographie et Maximes de Blaise de Montluc*, in-8, 1848. 2 fr. 50.
— *Utilité d'une édition* des Œuvres complète de Vauban, in-8, 1840. 2 fr. 50.
— *Capitaines anciens et modernes*, traduit de l'espagnol, du lieutenant-colonel don Evasto. San-Miguel, in-8, 1848. 2 fr.
— *Le plus grand homme de guerre* ; dissertation historique, in-8, 1848. 4 fr.
— *Considérations sur l'art militaire antique* et sur l'utilité de son étude, in-8, 1849, 2 fr. 50.
— *De la création d'une bibliothèque* militaire publique, in-8, 1849. 2 fr.
— *Biographie et maximes* de Maurice de Saxe, in-8, 1851. 5 fr.
— *Des Études sur le Passé et l'Avenir de l'Artillerie* de Louis-Napoléon Bonaparte, Président de la République, in-8. 3 fr.
— *Commentaires sur le Traité de la Guerre* de Clausewitz, 1 vol. in-8. 1853. 7 fr. 50.
— *Lettre sur la nécessité de l'étude* des sciences et des arts dans la profession militaire, 1855. in-8. 2 fr.
— *Remarques* sur les relations des langues militaires, française, allemande, espagnole, in-8. 2 fr.
LABORIA. *Notice sur la Défense des côtes maritimes de France*, in-8, 1841. 2 fr. 75.
— *De la Guyane française* et de ses colonisations, 1 vol. in-8, 1843. 7 fr. 50.
LACABANE (Léon). *De la Poudre à canon* et de son introduction en France, in-8, 1845. 2 fr.
LAFAY, capitaine d'artillerie de marine. *Aide-mémoire d'Artillerie navale*, imprimé avec l'autorisation du Ministre de la marine et des colonies, 1 fort vol. in-8, de plus de 700 pages accompagné de 50 planches gravées sur cuivre avec le plus grand soin, 1850. 15 fr.
LAGERCRANTZ, officier d'état-major de l'artillerie suédoise. *Étude sur le problème balistique*, in-8, 1852. 5 fr.
LALANNE (Ludovic), ancien élève de l'École de Chartes. *Recherches sur le Feu grégeois*, et sur l'introduction de la Poudre à canon en Europe, mémoire auquel l'académie des inscriptions et belles-lettres a décerné une médaille d'or, le 25 septembre 1840 ; 2e édition, corrigée et entièrement refondue, in-4°, 1845. 7 fr. 50.
LAMARE (général). *Nouvelles considérations* sur les Travaux de défense projetés au Havre, in-8, 1846. 2 fr.
— *Essai d'une instruction* à l'usage des gouverneurs et commandants supérieurs des divisions militaires et des places en état de paix, de guerre et de siége, in-8, 1851. 5 fr.
LAMBERT. *Mémoire sur la résistance des fluides*, avec la solution du problème balistique, 1 vol. in-8, avec pl., 1846. 7 fr. 40.
LEBOURG J.-H.). *Essai sur l'Organisation de*

l'artillerie et son emploi dans la guerre de campagne, 2e édition, revue, corrigée et considérablement augmentée. 1 vol. in-8, avec planches, 1843. 7 fr. 50.
LEGENDRE. *Dissertation* sur la question de Balistique, proposée par l'académie royale des sciences et belles-lettres de Prusse, pour le prix de 1782, lequel a été adjugé à l'auteur dans l'assemblée publique du 6 juin, 1 vol. in-8, avec planche, 1846. 7 fr. 50.
LE MASSON, auteur de *Custoza* et de *Novare, Venise en* 1848-1849, 1 v. in-8, 1851. 4 fr.
LESPINASS-FON MARTIN (de), officier de marine *Étude sur la Marine militaire,* 1 vol. in-8, 1839. 7 fr. 50.
LETTRE du chevalier Louis Cibrario, à son Excellence le chevalier César de Saluces, sur l'Artillerie du XIII° ou XVII° siècle traduite de l'italien et annotée par M. Terquem, professeur aux écoles de l'artillerie, broch., in-8, 1847. 2 fr. 50.
LETTRES critiques sur l'armée prusienne, traduites de l'allemand par J. de Clanorie et revues et annotées par Paul Mérat, lieut. d'infanterie, 1 vol. in-8, 1850. 7 fr. 50
LEVASSEUR. *Commentaires de Napoléon* suivis d'un résumé des principes de stratégie du prince Charles, 1 v. in-8, 2 parties, 1851. 12 fr.
MADELAINE (J.). — *De la Défense du Territoire.* Fortifications de Paris, in-8, 1840. 50 c.
— *Fortification permannte.* — Défauts des fronts bastionnés en usage. — Modifications nécessaires, — Bases d'un nouveau système, 1 vol. in-8, 1844. 4 fr.
— *Fortification permanente.* — Défauts des Fronts bastionnés en usage, supplément au mémoire précédent, br. in-8, 1845. 1 fr. 75.
— *Fortification de Coblentz.* — Observations sur cette place importante.— Examen de l'essai sur le système moderne de fortification adopté pour la défense de la frontière rhénane, par le lieut. colonel Humfrey. Appréciation de la valeur relative des tracés angulaires, comparés aux tracés bastionnés ; avec des notes diverses, 1 vol. in-8, 1846. 6 fr.
MALLAT. *Exposé succinct d'une balistique nouvelle,* in-8, 1854. 2 fr.
MARESCHAL, chef d'escadron d'artillerie. *Mémoire sur un nouveau mode* de magasin à poudre, in-8, avec planches, 1849. 3 fr.
MARION (général d'artillerie). *Vocabulaire hollandais-français* des principaux termes d'artillerie broch., in-18, 1839. 1 fr. 56.
— *Allemand-français,* 1840. 1 fr. 50.
— *Statistique militaire de la Belgique,* in-8, 1841. 2 fr.
— *De la Force des garnisons.* in-8, 1841. 2 fr.
— *Notice sur les Obusiers,* in-8, 1842. 2 fr. 75
— *Journal des Opérations de l'artillerie* ou siége Schweidnitz, en 1807, in-8, 1842. 3 fr.
— *De l'Armement des places de guerre,* avec planche, broch, in-8, 1845. 4 fr.
— *Mémoire sur le lieutenant général d'artillerie baron Sénarmont* (Alexandre), 1 vol. in-8, 1846. 5 fr.
MARTIN DE BRETTES, capitaine d'artillerie de la garde, professeur de sciences appliquées à l'Ecole d'artillerie. *Études sur les fusées de projectiles creux,* brochure in-8, avec fig., 1849. 3 fr.
— *Mémoire sur un projet de chronographe* électro-magnétique et son emploi dans les expériences de l'artillerie, in-8, avec fig. et planches, 1849. 5 fr.
— *Projet de fusée de projectiles creux* destinée à être fixée au moment du tir. br. in-8 avec figures, 1849. 2 fr.
— *Nouveau système d'artillerie* de campagne de Louis-Napoléon Bonaparte, in-8, 1851. 2 fr.
— *Des artifices éclairants* en usage à la guerre et de la lumière électrique, in-8, 1052. Avec planches. 7 fr 50.
— *Coup d'œil sur les études* du passé et l'avenir de l'Artillerie de Louis-Napoléon Bonaparte. 1 vol. in-8, 1852. 6 fr.
— *Études sur les appareils* électro-magnétiques, destinés aux expériences de l'artillerie en Angleterre, en Russie, en France, en Prusse, en Belgique, en Suède, etc., etc. In-8, 1851, avec planches et figures. 12 fr.
— *Physique appliquée.* Projet de cible télégrapho-magnétique, in-8, avec planches, 1856. 4 fr.
— *Les œuvres militaires de* S. M. Napoléon III, in-8, avec le dessein du canon-obusier de 12, système de Napoléon III, 1856. 3 fr.
— *Appareils chrono-électriques* à induction. Application aux expériences balistiques, 1 vol. in-8°, avec planches. 7 fr. 50.
MASQUELEZ. *Notions élémentaires* sur la fabrication et l'emploi des armes et des munitions de l'infanterie, ouvrage utile aux militaires et aux chasseurs, 1 vol. in-18, anglais, avec planches, 1857. 5 fr.
— *Journal d'un officier de Zouaves,* suivi de considérations sur l'organisation des armées Anglaise et Russe, accompagné de l'itinéraire de Gallipoli à Andrinople. 1 vol. in-8°, avec atlas, in-f° oblong, 1857. 15 fr.
MASSAS (de), chef d'escadron d'artillerie, *Études sur les Fusils* percutants d'infanterie, sur les amorces fulminantes, les approvisionnements de munitions, et les distributions aux soldats en campagne, in-8, 1840. 2 fr. 75
— *Mémoire sur les cuivres,* étains et bronzes, employés pour la fabrication des bouches à feu, 1 vol. in-8, 1830. 6 fr.
— *Études sur les aciers* dont l'artillerie fait usage, in-8. 3 f.
MASSE (J.). *Aperçu historique* sur l'introduction et le développemevet de l'Artillerie en Suisse, 1re et 2e partie, avec planches, 2 broch. in-8, 1846. à 3 fr. 50, 7 fr.
MAURICE (baron P.-E. de Sellon). *Considérations* sur l'avantage ou le désavantage d'entourer les villes maritimes de France d'une enceinte continue fortifiée, tirée des résultats pratiques de l'efficacité du tir à la mer, in-8, 1847. 2 fr.
— *Examen du nouveau système* de ponts de chevalets proposé par le chevalier de Birago, suivi de l'exposé d'un nouveau système de ponts militaires à supports flottants, in-8, avec planches, 1847. 2 fr. 50.
— *Mémoire sur les angles morts* des retranchements de campagne et sur quelques autres points de la fortification passagère, in-8, avec planches, 1848. 2 f. 50.
— *Recherches historiques* sur la Fortification passagère depuis les temps les plus reculés jusqu'à nos jours, suivies d'un aperçu sur l'état actuel de cette science et sur le rôle qu'elle est appelée à jouer dans les guerres modernes, 1 vol. in-8, 1849. 4 fr.
— *Notice sur l'Essai* des propriétés et la tactique des fusées à la congrève, par le colonel d'artillerie A. Pictet, in-8, 1849. 2 fr.
— *Mémorial de l'ingénieur militaire* ou analyse abrégée des tracés de fortifications permanentes des principaux ingénieurs, depuis Vauban jusqu'à nos jours, 1 vol. in-8, avec atlas in-folio, de dix-sept planches gravées sur cuivre, 1849, 35 fr.

— *Examen de la Fortification* et de la Défense des grandes places, par le lieutenant colonel d'artillerie C.-A. Wittich. br. in-8, avec planches, 1849. 2 fr. 50.

— *Examen du mémoire sur les canons se chargeant par la culasse* et sur leur application à la défense des places et des côtes, par Jean Cavalli, major d'artillerie, au service de S. M. Sarde, in-8, avec pl., 1850. 2 fr. 50.

— Mémoire sur la Fortification tenaillée et polygonale et sur la Fortification bastionnée. 1 vol. in-4, et atlas grand in-folio, 1850. 25 fr.

— *Études sur la fortification permanente.*

I. *Plan et description de la citadelle fédérale de Rastadt*, d'après des documents authentiques, examen du tracé des ouvrages défensifs extérieurs et de ceux de l'enceinte. — Appréciation.

— Appréciation de leur capacité de résistance. — Plan d'attaque dirigée contre le fort Léopold comme étude de travaux de siége contre une place fortifiée, d'après l'école allemande. — Ouvrage destiné à servir de complément aux *Mémoires sur la fortification tenaillée et polygonale*, et sur les tracés bastionnés. In-8 et atlas In-folio, 1851 15 fr.

II. *Examen du Tracé enseigné* aux troupes du génie qui font partie du huitième corps d'armée de la confédération germanique et appréciation de la capacité de résistance. — Observations sur le projet de fortification polygonale et à caponnières, présenté par un officier du génie prussien. In-8, avec 2 pl. (en atlas in-folio), 1851. 10 fr.

— *De la défense nationale en Angleterre.* Un vol. in-8 avec une carte, 1851. 3 fr.

A. MAURY. *Géographie physique de la mer.* Trad. par A. Tenquem, 1 vol. in-8° et atlas, 1858. 15 f.

MAZE. *Artillerie de campagne en France*, description de l'organisation et du matériel de cette arme en 1845, conforme aux documents les plus récents, et précédée d'observations, 1 vol. in-8, avec 5 planches, 1845. 3 fr. 75.

MÉGNIN, *Essai sur les proportions du cheval* et son anatomie externe comparée à celle de l'homme à l'usage des écuyers militaires ou civils et des artistes. Album, in-f° *jésus* oblong, 1860. Composé de 15 planches avec texte. Prix: 15 fr.; colorié, 20 fr.; relié chagrin. 25 fr.

MÉMOIRE sur le Matériel d'artillerie des places, dans ses rapports avec la fortification et les principes généraux de la défense, avec deux planches, in-8, 1838. 2 fr.

MÉMOIRES militaires de Vauban, et des ingénieurs Huc de Caligny, précédés d'un avant-propos par M. Favé, capitaine d'artillerie, 1 vol. in-8, avec 3 planches, 1846. 7 fr. 50.

— 2° partie, 1 vol. in-8, 1854. 7 fr. 50.

MÉMOIRE sur la défense et l'armement des côtes, avec plans et instructions, approuvés par Napoléon, concernant les batteries des côtes, et suivi d'une notice sur les Tours Maximiliennes, accompagnée de pessins. Nouvelle édition, in-8, avec 4 planches, 1857. 5 fr.

MÉMOIRE sur le Jet des bombes, ou, en général, sur la projection des corps, in-8, 1846. 2 fr.

MÉRAT. *Études sur l'Organisation de la force publique.*

I. *Projet d'organisation* de la réserve combinée avec la mobilisation de la garde nationale, in-8, 1849. 2 fr.

— II. *La Justice militaire* selon les principes de l'équité, in-8, 1849. 2 fr.

— III. *Recrutement et remplacement*, in-8, 1850. 2 fr.

— IV. *L'avancement et la hiérarchie*, in-8, 1851. 2 fr.

— *Verdun en 1792*, épisode historique et militaire, 1 vol. in-8, 1849. 5 fr.

MERKES (J.-G.-W.), colonel du génie au service de S. M. le roi des Pays-Bas.

Essai sur les différentes méthodes, tant anciennes que nouvelles, de construire les murs de revêtement, 1 vol. in-8° avec atlas in-folio. 1841. 12 fr.

— *Projet d'un modèle d'un magasin à poudre* à l'abri de la bombe, d'après une construction nouvelle moins dispendieuse, in-8, avec pl., 1843. 3 fr.

— *Projet d'une nouvelle Fortification*, ou tentatives d'améliorations dans le système bastionné, destiné pour les seuls fronts d'attaque d'une place, tant pour un terrain bas et humide que sec et élevé. 1 plan in-folio, 1843. 6 fr.

— *Résumé général* concernant les différentes formes et les diverses applications des Redoutes casematées, des petits forts, des tours défensives et des grands réduits, avec planches; traduit du hollandais par R***, 1 vol. in-8, 1843. 7 fr. 50.

— *Examen raisonné* des progrès et de l'état actuel de la Fortification permanente, traduit du hollandais, 1 vol. in-8, avec plan, 1846. 7 fr. 50.

MICALOZ. *Recherches sur l'art défensif*, in-8, avec planches, 1838. 5 fr.

— *Exposé succinct* de nouvelles idées sur l'art défensif, contenant l'aperçu d'une nouvelle théorie sur cet art, et de quelques dispositions propres à confirmer l'efficacité de cette même théorie, suivi d'un appendice, in-8, avec planches, 1838. 5 fr. 55.

MOLLIÈRE (le général). *Journal de l'Expédition* et de la Retraite de Constantine en 1836, in-8, 1837. 4 fr.

— *Études sur quelques détails* d'Organisation milit. en Algérie, 1 vol. in-8, 1845. 3 fr. 75.

MONEY (général). *Souvenirs de la campagne de 1792*, traduits par Paul Mérat, lieutenant au 24° léger, 1 vol. in-8, 1849. 6 fr.

MONHAUPT. *Tactique de l'Artillerie* à cheval, dans ses rapports avec les grandes masses de cavalerie, 1 vol. in-8, avec pl., 1840. 3 fr. 75.

MORDECAI (Alfred), capitaine de l'artillerie américaine. *Expériences sur les Poudres de guerre* faites à l'arsenal de Washington, en 1843 et 1844, publiées avec l'autorisation du gouvernement, 1 vol. in-8, avec pl., en deux livraisons, 1846. 20 fr.

— *Expériences sur les poudres de guerre* faites en 1843, 1847 et 1848.

Deuxième rapport, in-8, 1858. 7 fr. 50.

MORITZ-MEYER. *Manuel historique* de la Technologie des armes à feu, 2 vol. in-8. 1837-1838. 15 fr.

MULLER. *Traité des Armes portatives* ou de toutes les espèces de petites armes à feu et blanches, en usage dans l'armée autrichienne, avec une planche, 1 vol. in-8, 1846. 7 fr. 50.

MUSSOT. *Tactique militaire.* — Des armes blanches, de la cavalerie et particulièrement du sabre de cavalerie de réserve et de ligne, in-8. 2 fr.

— *Des compagnies pelotons* et actions hors rang, examen de leur utilité relative, et des raisons qui militent pour leur suppression, in-8, 1851. 2 fr.

— *Commentaires historiques* et élémentaires sur l'équitation et la cavalerie, ou Revue des progrès obtenus dans l'art équestre depuis l'époque de sa renaissance, 1 vol. in-8, avec 20 planches. 1854. 7 fr. 50.

Manuel d'hippiatrique, d'équitation et d'hygiène, à l'usage de tous, ou Étude de la connaissance intérieure et extérieure du cheval, de son instruction et de son emploi, de sa conservation en l'état de santé, de sa reproduction, de son élevage et de son remplacement. Ouvrage particulièrement utile aux officiers des troupes à cheval, aux chefs, agents ou employés des grandes administrations et exploitations publiques ou privées, qui emploient ou produisent des chevaux. Première partie : Connaissance de l'intérieur du cheval. Anatomie et physiologie, 1 vol. in-8, de 500 pag., avec 15 pl. 1856. 7 fr. 50.

— *Deuxième partie* in-8, avec planches, 1856. 7 fr. 50

NAVARO-SANGRAN (général). *Système de pointage* généralement applicables à toutes les bouches à feu de l'artillerie, in-8, 1838. 2 fr. 75.

NAVEZ, major de l'artillerie belge. Application de l'électricité à la mesure de la vitesse des projectiles, 1 vol. in-8, 1853. 7 fr. 50.

— *Instruction sur l'appareil Electro Balistique* du capitaine Navez, 1 vol. in-8, avec atlas, 1859. 12 fr.

— *Expériences de Balistique* exécutées en Russie en 1858, in-8, 1859. 3 fr.

NOTICE sur la nouvelle Organisation militaire du royaume de Sardaigne, in-8, 1834. 2 fr. 50

OBSERVATIONS sur les Applications du fer aux constructions de l'artillerie, avec pl., in-8, 1835. 3 fr.

OBSERVATIONS sur la réception des effets de harnachement pour les corps d'artillerie, in-8, 1842. 2 fr. 75.

OBSERVATIONS sur le projet de loi relatif a l'organisation de l'artillerie, in-8, 1852. 2 fr. 50.

ORGANISATION (de l') de l'Artillerie en France, 1re et 2e partie, 1 vol.; 3e partie, 1 vol., par M***, capitaine d'artillerie, ancien élève de l'école polytechnique, 2 vol. in-8, 1845-1847, à 6 fr. 12 fr.

OTTO (J.-C.-F.). *Théorie mathématique* de Tir à ricochet, suivie de Tables pour l'application de ce tir, 1833; traduite de l'allemand par Rieffel, professeur à l'Ecole d'artillerie de Vincennes, 1 vol. in-8, 1845. 6 fr.

— *Tables balistiques* générales pour le Tir élevé; traduites de l'allemand par Rieffel, professeur à l'Ecole royale d'artillerie de Vincennes, 1 vol. in-8, 1845. 7 fr. 50.

PARMENTIER (Théodore) chef de bataillon du génie, ancien élève de l'Ecole polytechnique.

— *Vocabulaire allemand-français* des termes de fortification, renfermant, en outre, les termes les plus usuels d'art militaire, d'artillerie, de construction, de mathématiques, de mécanique, etc., et la réduction en mesures métriques de toutes les mesures usitées dans les différents états de l'Allemagne, la Hollande, la Suisse, la Suède, le Danemarck, la Pologne et la Russie, 1 vol. in-12, 1849. 3 fr.

— *Exposition et description* d'un système de fortification polygonale et à caponnières. Essai sur la science de la fortification arrivée à son état actuel de perfectionnement, par un officier du génie prussien, trad. de l'allemand, broch. in-8, avec 2 pl. in-fol.), 1850. 10 fr.

— *Cours élémentaire de fortification passagère*, suivi de quelques notions sur la fortification permanente à l'usage des sous-officiers de l'armée. *Ouvrage désigné par la Commission d'examen, instituée par son Excellence le Ministre secrétaire d'Etat de la guerre*, comme pouvant être utilement consulté pour l'enseignement dans les écoles régimentaires du deuxième degré, 1 vol. in-18, anglais, avec 14 planches, 1855. 3 fr.

PASLEY, directeur de l'École du génie de Chatham. *Règles pour la conduite des opérations d'un siége*, déduites des expériences soigneusement faites; traduites de l'anglais par E. J., 3 parties in-8, avec planches, 1847 : chacune 4 fr. 12 fr.

PERROT ET GIRARD, *carte militaire et historique de la France* indiquant les grands commandements militaires, les divisions, subdivisions et tous établissements militaires, principaux phares, principaux lieux historiques, chemins de fer, routes et gîtes d'étape. Une feuille in-plano jésus. 3 fr.

Idem, collée sur toile. 4 fr.

PIDOL (de). *Colonies militaires de la Russie*, comparés aux confins militaires de l'Autriche; traduites par Unger, in-8, 1847. 3 fr 50.

PIMODAN (Georges de). colonel au service de S. M. I R. A. l'empereur d'Autriche. *De la cavalerie*; in-8, 1856. 2 fr.

PISTORIUS. *Traité sur l'art de tirer à balles.* sans charge de poudre, moyennant une matière. chimique renfermée dans la balle même, in-8. 1830. 2 fr.

PITON-BRESSANT. *Formules des portées*, in-8. 1852. 3 fr.

PLOTHO. *Relation de la bataille de Leipzig* (16, 17, 18 et 19 octobre 1813); traduite de l'allemand par Philippe Himly, suivi de la relation autrichienne de l'affaire de Mindenau, du combat de Hanau, et accompagnée de notes d'un officier général français, témoin oculaire, 1 vol. in-8, 1840. 6 fr.

— *Capitulation de Dantzig*; traduite de l'allemand par P. Himly; avec observations critiques, par le général baron de Richemont, directeur des fortifications et commandant du génie pendant la défense de la place, broch. in-8, 1841. 2 fr. 75.

POLIGNAC (de). *État actuel des armes à feu*, in-8. 2 fr.

POTEVIN (P.-L.). *Fortification. Notions sur le défilement*, 1 vol. in-folio, 1844. 10 fr.

POUDRA ET HOSSARD. *Questions de probabilité* résolue par la géométrie, in-8, avec pl. 1859. 2 fr.

POUDRA, officier supérieur d'état-major, ancien professeur à l'École d'état-major. *Examen critique* du traité de perspective linéaire de M. de la Gouvernerie, 1859, in-8. 2 fr.

— *Traité de perspective relief*, 1 vol. in-8, de texte et un atlas de 18 pl. 1860. 15 fr.

PRETOT (P.-L.). *Des conventions militaires* et de leur exécution habituelle, 1 vol. in-8, 1849. 7 fr. 50.

PRÉVAL (général). *Observations sur l'administration des corps*, in-8, 1841. 2 fr. 75.

— *Mémoires sur l'Avancement militaire* et sur les matières qui s'y rapportent, 1 vol. in-8, 1842. 9 fr.

— *Sur le recrutement* et le remplacement de l'armée, 1 vol. in-8, 1848. 7 fr. 50.

— *Sur le nouveau projet de loi relatif à l'organisation de l'armée*; première observation, brochure in-8, 1849. 2 fr.

— *Mémoire sur le commandement en chef des troupes.* 2e édition, 1851. 2 fr. 50.

PRITTWITZ et GAFRON, lieutenant général et

inspecteur général du génie de l'armée prussienne. *De l'emploi de l'Infanterie dans la défense des places fortes.* Trad. par M. Jules Moch, lieutenant-répétiteur à Saint-Cyr, 1 vol. in-8, avec pl. 1860. 7 50.

RABUSSON (A). *De l'Agrandissement de l'enceinte des fortifications de Paris du côté de l'est,* considéré dans ses rapports avec la défense de la ville et avec la défense générale du royaume, 1 vol. in-8, 1842. 4 fr.

— *De la défense générale du royaume* dans ses rapports avec les moyens de défense de Paris, 1 vol. in-8, 1843. 6 fr.

— *De la Géographie du Nord de l'Afrique* pendant la période romaine et arabe, 1 vol. in-8, avec plans, 1850. 5 fr.

— *Deuxième mémoire,* in-8, avec plans, 1857. 7 fr 50.

RAPPORT *sur le système d'armement* adopté pour les embarcations dans la marine des Etats-Unis, 1855, in-8, avec 11 pl. 5 fr.

RAPPORT *sur les expériences faites à Liége* en 1851-1852, au moyen d'un appareil électro-balistique (système Navez), dans le but de rechercher l'influence de l'angle de tir et de la densité du projectile sur la vitesse initiale, 1855, in-8, et pl. 4 fr.

RAVICHIO de PERETSDORF, *Suite de la notice sur l'Organisation de l'armée autrichienne,* broch. in-8, 1834. 2 fr. 50.

RAYMON (Xavier). *Lettres sur la marine militaire,* à propos de la revue de Spithead, in-8, 5 fr.

RELATION *de la Défense de Schweidnitz,* commandé par le général feld-maréchal lieutenant de Guasco, et attaqué par le lieutenant général Tauenzein, depuis le 20 juillet jusqu'au 9 octobre 1792, jour de la capitulation; avec une notice de M. Favé, chef d'escadron d'artillerie, in-8, avec plan, 1846. 4 fr.

RÉPONSE à l'auteur de l'Article sur l'état-major général de l'armée, par un officier supérieur en retraite, in-8, 1846. 1 fr. 25.

RESSONS (de). *Méthode pour tirer les bombes* avec succès, broch. in-8, 1846. 2 fr.

RESUME des épreuves de la Truvia (Espagne) 3 juillet 1855, in-8. 2 fr.

RETRAITE *et destruction de l'armée anglaise* dans l'Afghanistan en janvier 1842. Journal du lieutenant Eyge, de l'artillerie du Bengale, traduit de l'anglais sur la 3e édition par Paul Jéssé, avec plan, 1 vol. in-8, mars 1844. 7 fr. 50.

RICHARDOT, lieutenant-colonel d'artillerie. *Nouveau système d'Appareils contre les dangers de la foudre* et les fléaux de la grêle, in-8, 1823. 1 fr. 25.

— *Mémoire sur l'emploi de la Houille* dans le traitement métallurgique du minerai de fer et sur les procédés d'affinage de la fonte pour bouches à feu et projectiles de guerre, in-8, 1824. 3 fr.

— *Essai sur les véritables Principes de la défense des places* et l'application de ces principes, broc. in-8, 1838. 2 fr. 75.

— *Relation de la Campagne de Syrie,* spécialement des siéges de Jaffa et de Saint Jean-d'Acre, 1 vol. in-8, avec atlas, in-4, 1839. 10 fr. 75.

— *Projet (du) de fortifier Paris,* ou Examen d'un système général de défense, in-8, 1839. 2 fr. 75.

— *Réponse aux observations* de M. le lieutenant général du génie, vicomte Rogniat, sur l'ouvrage intitulé: du Projet de fortifier Paris, ou Examen d'un système général de défense, in-8, 1848. 2 fr. 75.

— *Examen de l'ouvrage* ayant pour titre : de la Défense du territoire. Fortification de Paris, in-8, 1841. 1 fr. 25.

— *Un dernier mot sur la Défense de Paris,* d'après les principes militaires et stratégiques; suivi d'un résumé relatif au même sujet de la Philosophie de la fortification du lieutenant-colonel du génie Delaâge, in-8, janvier 1841. 2 fr.

— *Vauban expliqué en ce qui concerne les moyens de défense de Paris.* Même système, in-8, février 1841. 2 fr.

— *Organisation (de l') des principales parties du service de l'Artillerie,* in-8, 1842. 2 fr. 75.

— *Ecole polytechnique.* Organisation, régime, ou réfutation d'objections diverses et de principes contraires au but de son institution, in-8, 1842. 2 fr.

— *Recrutement (du) de l'Armée* dans ses rapports avec la faculté du remplacement, le temps de service nécessaire sous les drapaux, et l'époque des délibérations; in-8, 1843. 2 fr. 75

— *Etat (de l') question sur le système d'ensemble des places fortes,* in-8, 1844. 2 fr.

— *Réfutation complète* de l'opinion opposée au système des forts détachés sous les deux rapports militaire et politique, broch. in-8, janvier 1844. 2 fr.

— *Des conditions de force de l'armée et de sa réserve* sans augmentation de défenses, in-8, 1846. 2 fr.

— *Les Batteries à pied montées,* mises en mesure de rivaliser avantageusement avec les batteries à cheval, in-8, 1846. 2 fr.

— *Nouveaux mémoires sur l'armée française en Egypte et en Syrie,* la statistique du pays, les usages et les mœurs des habitants. 1 vol. in-8, avec plan de la côte d'Aboukir, à la tour des Arabes, 1848. 6 fr.

— *Le recrutement de l'armée* et de la réserve ramené au principe d'égalité devant la loi, in-8, 1849. 2 fr.

RIEFFEL, professeur aux écoles d'artillerie. *Description et usage du Télégoniomètre,* instrument pro-posé pour la mesure des angles et des distances à la guerre, avec planche, in-8, 1838. 2 fr. 75.

— *Appendice à la traduction de l'opuscule de M. Treadwell,* sur un nouveau système de construction de canons de gros calibres, in-8, 1857. 1 fr.

— *Recherches sur la théorie de la force de la poudre* dans l'état actuel de la physique des gaz (octobre 1856), in-8, 1857. 3 fr.

ROCHE. *Traité de Balistique* appliquée à l'artillerie navale, avec planches, 1re partie, in-8, 1841. 5 fr.

ROCHE-AYMON (de la). *Des troupes légères,* ou Réflexions sur l'organisation, l'instruction et la tactique de l'infanterie et de cavalerie fr. Nouvelle édition, in-8, 1856. 3 fr.

— *Mémoires sur l'art de la guerre,* 5 vol. in-8, avec atlas de 20 planches, 1857. 45 fr.

ROGNIAT (général). *Réponse à l'auteur* de l'ouvrage intitulé : *Projet de fortifier Paris,* ou Examen d'un système général de défense, in-8, 1840. 2 fr. 75.

— *A l'auteur de la Réponse* aux observations du général Rogniat, sur les Fortifications de Paris, in-8, 1840. 1 fr. 25.

ROGUET (le général comte). *Des Lignes de circonvallation et de contrevallation,* avec planches, 1 vol. in-8, 1832. 4 fr.

— *De l'Emploi de l'armée dans les grands travaux civils,* in-8, 1834. 2 fr.

— *De la Vendée militaire,* avec carte et plans. 1 vol. in-8, 1834. 8 fr.

— *Essai théorique sur les Guerres d'insurrection,* ou suite à la Vendée, 1 vol. in-8, 1836. 8 fr. 50.

— *Expériences sur le Pétard*, faites à Metz, in-8, avec pl., 1838. 2 fr.

ROUVROY (W. H. de) lieutenant-général, commandant de l'artillerie royale saxonne.. *Etudes préliminaires d'une théorie des armes* à feu rayées, trad. par Rieffel, professeur aux écoles d'atillerie, in-8, avec pl. 1860. 3 fr.

†RUDTORFFER(colonel).*Géographie militaire de l'Europe*; traduite de l'allemand par Unger. 2 vol. grand in-8. à 2 colonnes, 1847. 10 fr,

SAINTE-BEUVE. Notice sur le maréchal de Villars, par M. Sainte-Beuve, membre de l'Institut, in-8, 1857. 4 fr.

SAINT-ROBERT (Le comte Paul de) *Du mouvement des projectiles dans les milieux résistants*, 1 vol. in-8, 1859. 9 fr.

— *Des effets de la ratation de la terre sur les mouvements des projectiles*, in-8, avec pl, 1858. 4 fr.

— *Etudes sur la trajectoire que décrivent les projectiles oblongs*, in-8. 1re partie, 1859. 3 fr.

— *Note sur une embrasure*, in-8, 1860. 2 fr.

SCHULTZ, lieutenant d'artillerie. *Mémoire sur un projet de chrononographe électrique fondé sur l'emploi de Diapason*. Application aux expériences de balistique, in-8, avec pl. 1859. 5 fr.

SIÉGE DE BOMARSUND en 1854. Journal des opérations de l'artillerie et du génie, publié avec l'autorisation du Ministre de la guerre, in-8, avec plans, 1854. 7 fr. 50.

SALVADOR (Gabriel) *Recherches sur l'origine de la poudre à canon en Orient*, traduite de l'anglais, in-8. 2 fr.

— *Agitation pour la défense nationale* en Angleterre, 1 vol. in-8. 7 fr. 50.

SCHARNHORST (général). *Traité sur l'Artilerie;* traduit de l'allemand, par M. A. Fourcy, ancien officier supérieur d'artillerie, bibliothécaire à l'Ecole polytechnique; publié en 9 livraisons, formant 3 vol. petit in-4, 1843. 51 fr. 75.

SCHONALS. *Souvenirs d'un vétéran autrichien sur la guerre d'Italie* dans les années 1848-1849, 2 vol. in-8. 15 fr.

SCHONSTEDT. *Description de la Fusée à percussion*, 1854, in-8. 2 fr.

SCHWINCK, major au corps royal des ingénieurs de l'armée prussienne. *Les Éléments de l'art de fortifier*; Guide pour les leçons militaires et pour s'instruire soi-même; traduit de l'allemand par Théodore Parmentier, officier du génie, ancien élève de l'Ecole polytechnique.

Première partie. Fortification passagère, 1 vol. in-8, avec atlas, in-4, 1846. 10 fr.

Seconde partie. Fortification permanente, 1 vol. in-8, avec atlas, in-4, 1847. 10 fr.

SERVAL. *Académie militaire de Woolwich*, in-8. 1 fr. 50.

— *Sur les Bouches à feu de l'Artillerie de campagne*, in-8. 1 fr. 50.

SIMMONS (T.-F.), capitaine de l'artillerie royale anglaise. *Considérations sur les effets de la grosse artillerie* employée par les vaisseaux de guerre et dirigée contre eux, spécialement en ce qui concerne l'emploi des boulets creux et des bombes; traduit par E.-J., avec 3 planches, 1 vol. in-8, 1846. 7 fr. 50.

— *Considérations sur l'Armement actuel de notre marine*. Supplément aux considérations sur les Effets de la grosse artillerie employée par les vaiseaux de guerre et dirigée contre eux; traduit par E. J., broch. in-8, 1846. 3 fr.

SOYE. *Bataille d'Inkerman* (la), livrée le 24 octobre (5 novembre 1854). Episode de l'histoire de la guerre écrite en décembre 1854, avec un plan de la bataille. Traduit de l'allemand, in-8, 1857. 5 fr.

SPLINGARD, capitaine d'artillerie belge. *Notice sur une Fusée Shrapnell*, in-8, avec planche, 1848. 2 fr.

† SUSANE (Louis). Histoire de l'ancienne infanterie française, avec atlas renfermant la série complète, dessinée par Philoppotaux et les meilleurs artistes, et coloriée avec beaucoup de soin, des uniformes et des drapeaux des anciens corps de troupes à pied. — L'ouvrage est composé de huit volumes in-8 de texte et de 152 planches. — Cette publication est entièrement terminée. — 1853. Prix : 50 fr.

TABLES du tir des bouches à feu de l'artillerie navale, déduites des expériences de Gavre, et publiées par ordre du Ministre de la marine, in-8, 1841. 75. c.

TARTAGLIA (Nicolas). *La Balistique*, ou Recueil de tout ce que l'auteur a écrit touchant le mouvement des projectiles et les questions qui s'y rattachent, composé des traduit de l'italien avec quelques annotations, par Rieffel, professeur à l'Ecole d'artillerie de Vincennes, avec planches, 2 parties in-8, 1845-1846. 11 fr. 50.

TERNAY. *De la Défense des Etats par les positions fortifiées*, ouvrage revu et corrigé sur les manuscrits de l'auteur par Mazé, professeur du cours d'artillerie à l'Ecole d'état-major, 1 vol. in-8, 1836. 7 fr. 50.

†THIEBAULT (lieutenant général baron).*Journal des Opérations militaires* et adminislratives des siéges et blocus de Gênes; nouvelle édition; ouvrage refait en son entier avec addition d'un second volume comprenant un grand nombre de pièces inédites officielles et d'une haute importance, 2 vol. in-8 avec carte et portrait, 1847. 8 fr.

« Ce journal doit être lu en son entier et médité par tous les militaires appelés à défendre les places, comme une source d'instructions précieuses, comme un modèle admirable de constance et d'intrépidité (CARNOT). » — « J'ai lu le Journal du blocus de Gênes, c'est un bon ouvrage, j'en ai été content, et tout le monde doit l'être (NAPOLÉON). »

THIÉRY, (A.). *Description des divers systèmes à percussion* et des étoupilles à friction adoptés jusqu'à ce jour en France et à l'étranger; Sackets en étoffes ininflammables, in-8, 1839. 2 fr. 75.

—*Applications du fer aux constructions de l'artillerie*; seconde partie, 1 vol. in-4, avec atlas in-folio, 1841. 20 fr.

THIROUX, lieutenant-colonel d'artillerie. *Réflexions et études sur les bouches à feu de siége, de place et de côte*, 1 vol. in-8, avec figures et planches, 1849. 7 fr. 50 c.

— *Observations et vues nouvelles sur les fusées de guerre*, br. in-8, 1850. 2 fr.

— *Observations sur l'emploi de la poudre fulminante dans les projectiles creux*, in-8, 2 fr.

— *Essai sur le mouvement des projectiles*, dans les milieux résistants.

1er Cahier. — Partie théorique, in-8. 4 fr.

2e Cahier. — Partie pratique, 1856. 4 fr.

— Suite du 2e cahier, chapitre v, in-8, 1858. 3 fr.

— Chapitre vi, 1860, in-8. 4 fr.

— *Mémoire sur la consolidation des revêtements des places de guerre*, in-8, avec planche, 1836. 2 fr.

— *Mémoire sur la possibilité d'augmenter les effets explosifs des projectiles creux*, in-8, avec planche, 1856. 2 fr.

— *Essai sur les projectiles allongés*, in-8, 1857. 5 fr.

Mémoire sur quelques points essentiels relatifs à la défense des places, in-8 avec planches, 1857. 4 fr.

Mémoire sur la nécessité de réparer l'âme des armes à feu pour leur conserver la rectitude de leur tir, in-8, 1857. 2 fr.

Réflexions sur les expériences faites en Suède sur des canons à âme rayée, se chargeant par la culasse. Idées nouvelles relativement au perfectionnement de ces bouches à feu, au parti qu'on peut en tirer à la guerre, in-8, 1857. 2 fr.

Note sur l'application des appareils de M. Lissajou, pour l'étude des vibrations des corps solides, et en particulier des armes à feu de toutes espèces, in-8, 1857. 2 fr.

— *Mémoire sur le tir à mitraille*, in-8, 1859. 2 fr.

— *Mémoire sur les armes à feu rayées*, in-8, 1859, avec pl. 3 f.

THOMPSON (depuis comte de Rumfort). *Expériences sur la poudre à canon*, faites en 1778. In-8, avec planches, 1857. 7 fr. 50.

TIMMERHANS. *Expériences comparatives faites à Liége* en 1839, entre les carabines à double rayure et les fusils de munition, avec tableaux, in-8, 1840. 3 fr. 75.

TIRLET. *Des places de guerre*, in-8, 1841. 2 fr.

TRAITÉ DE LA RÉCEPTION des effets de harnachement pour les corps d'artillerie, in-8. 1830. 2 fr. 50t

TRAITÉ des Reconnaissances militaires, ou Reconnaissance et description du terrain au poin. de vue de la tactique. à l'usage des officiers d'infanterie et de cavalerie ; 1 vol. in-8, 1846. 11 fr. 50.

TREADWELL. Notice succincte sur un canon perfectionné et sur les procédés mécaniques employés à sa fabrication ; traduite de l'anglais par M. Rieffel, professeur de sciences appliquées à l'École d'artillerie de Vincennes, in-8, 1848. 2 fr.

— Sur la possibilité pratique de construire des canons de grands calibres, susceptibles d'un long service continu à charges entières, in-8, avec planches. 1857. 2 fr.

UNGER. Histoire critique des exploits et des vicissitudes de la cavalerie pendant es guerres de la Révolution et de l'Empire, jusqu'à l'armistice du 4 juin 1813, 2 vol. in-8, 1849. 12 fr.

VANDENBROCK. Des dangers qui peuvent résulter de l'emploi des armes à percussion dans les régiments d'infanterie de ligne, in-8, 1843. 3 fr.

VAUBAN. Ses Oisivetés et Mémoires inédits, 3 vol. in-8. 19 fr.

Chaque volume se vend séparément 1 vol. contenant le tome IV augmenté de mémoires inédits tirés du tome II, in-8, 1842. 7 fr. 50.

1 vol. contenant les tomes I, II, III, in-8, 1843. 7 fr. 50.

1 vol. contenant la fin des tomes II et III, in-8, 1843. 4 fr.

VAUDONCOURT. De la législation militaire dans un Etat constitutionnel, in-8. 1829. 1 fr. 50.

— Essai sur l'Organisation défensive militaire de la France, telle que la réclament l'économie, l'esprit des institutions politiques et la situation de l'Europe. in-8, 1834. 4 fr.

WERTHER. Des méthodes en usage pour reconnaître la quantité de salpêtre contenue dans le nitre brut, trad. de l'allemand, par Henri Benoît, 1834, in-8. 1 fr. 50.

WITTICH, major de l'artillerie prussienne. De la Fortification et de la Défense des grandes places ; traduit de l'allemand par Ed. de La Barre-Duparcq, capitaine du génie, in-8, avec planches, 1847. 4 fr.

XYLANDER (le chevalier) major au corps royal des ingénieurs de Bavière, *Traité des armes*, 4ᵉ édition, avec trois planches. Ouvrage traduit par le colonel d'Herbelet, et augmenté par le traducteur d'une notice historique sur l'artillerie et subsidiairement sur l'armée française, et d'un vocabulaire des armées, in-8, en 3 parties. Deux parties sont en vente, in-8, 1838. 10 fr.

YULE. *La fortification mise à la portée des officiers de l'armée* et des personnes qui se livrent à l'étude de l'histoire militaire. Traduit de l'anglais, par Masselin, capitaine du génie, 1 vol. in-8, et atlas, 1837. 15 fr.

ZÉNI et DESHAYS, officiers supérieurs d'artillerie de la marine française, voyageant en Angleterre par ordre. *Renseignements sur le Matériel de l'artillerie navale de la Grande-Bretagne* et les fabrications qui s'y rattachent, recueillis en 1835 ; publication faite avec l'agrément du ministre de la marine et des colonies, 1 vol. in-4, avec atlas in-folio, 1840. 30 fr.

ZOLLER (de). *Description d'une éprouvette portative* ; trad. de l'allemand, par Ed. de la Barre Duparcq, capitaine du génie, ancien élève de l'École polytechnique, in-8, avec 3 pl., 1849. 4 fr.

COURS CLASSIQUE DE DESSIN TOPOGRAPHIQUE

A l'usage des élèves des Lycées, des Écoles préparatoires et de toutes les Maisons d'éducation.

Ouvrage au moyen duquel on peut apprendre le dessein topographique sans le secours d'un maître, et comme tel, très utile à donner en prix aux lauréats de l'Université et de tous les établissements d'instruction publique, jeunes gens auxquels il servira de sujet instructif, de distraction pendant leurs vacances.

Par J. CORRÉARD, ancien ingénieur.

SECONDE ÉDITION.

1 vol. in-4ᵉ oblong, composé de 25 dessins coloriés avec le plus grand soin, avec texte en regard. Prix broc. : 25 fr. ; cart.. 26 fr. : relié en chagrin et filets d'or 27 fr. 50.

Toutes les planches se vendent séparément, en noir 25 c.

Idem. en couleur : 1 fr.

La planche nº 21 grand in-folio se vend aussi séaarément, en noir : 1 fr.

Idem. Idem. en couleur : 3 fr.

ABRÉGÉ DU COURS CLASSIQUE DE DESSIN TOPOGRAPIQU

A l'usage des Écoles secondaires et des Écoles primaires du premier et du deuxième degré.

Ouvrage au moyen duquel on peut apprendre le dessin topographique sans le secours d'un maître.

Par J. CORRÉARD, ancien ingénieur.

SECONDE ÉDITION. 1 vol. in-4° oblong composé de 8 dessins coloriés avec le plus grand soin, avec texte en regard. Prix broché : 5 fr.

RECUEIL DES BOUCHES A FEU LES PLUS REMARQUABLES,

Depuis l'origine de la poudre à canon jusqu'au canon-obusier de Napoléon III inclusivement (1856.)

Commencé par M. le général d'artillerie MARION.

Et continué, sur les documents fournis par MM. les Officiers des armées françaises et étrangères, par MARTIN DE BRETTES, Capitaine d'artillerie, Inspecteur des études à l'École Polytechnique et J. CORRÉARD, directeur du *Journal des Sciences militaires.*

L'ouvrage complet est composé d'un vol, in-4 de texte, avec un atlas grand in-folio de 131 planches (1856).

Le texte est précédé de quatre tables :

La table Ire comprend, dans l'ordre chronologique, les bouches à feu, sans avoir égard à leurs formes, leurs dimensions, leur nature.

La table II comprend les bouches à feu, divisées en trois classes et rangées dans chaque classe par ordre chronologique.

§ 1er. Canons et bouches à feu longues.
§ 2e Obusiers, bouches à feu moyennes.
§ 3e Mortiers ou pièces courtes.

La table III comprend les bouches à feu des divers pays, divisées en trois classes et rangées par ordre chronologique.

La table IV comprend les bouches à feu représentées dans l'ouvrage de GASPERONI, correspondant avec celle du *Recueil des Bouches à feu.*

Le volume est terminé par un Vocabulaire des noms donnés aux bouches à feu, depuis leur origine jusqu'à nos jours.

Le prix de l'ouvrage complet est de 450 fr.

JOURNAUX MILITAIRES.

JOURNAL des Sciences militaires des armées de terre et de mer.

Ce recueil, qui paraît depuis trente-cinq ans, est répandu en France et à l'étranger et renferme tout ce qui a rapport aux sciences militaires, histoire, tactique, etc., il est publié sur les documents fournis par les officiers des armées françaises et étrangères, par J. Corréard ; ancien ingénieur.

L'année se compose de 12 numéros paraissant de mois en mois par cahier de 10 feuilles.

Prix de la souscription :

Paris.	42 fr.
Départements.	48 fr.
Etranger.	54 fr.

Nota. Chaque année écoulée se vend 42 fr.
Chaque numéro séparé se vend 5 fr.

JOURNAL des Armes spéciales et de l'État-major

Ce recueil, qui paraît depuis vingt-six ans, est spécialement consacré aux questions d'artillerie et de génie. Depuis 1847, chaque numéro contient en outre, des articles sur le Corps royal d'état-major.

L'année se compose de 6 numéros paraissant tous les deux mois : 25 février, 25 avril, 25 juin, 15 août, 25 octobre et 25 décembre, en un cahier in-8 de 10 feuilles, avec planches. Trois cahiers forment un volume.

Prix de la souscription :

Paris.	20 fr.
Départements.	24 fr.
Etranger.	28. fr.

Nota. Chaque année écoulée se vend 20 fr.
Chaque numéro séparé se vend 6 fr.

EN VENTE

NOUVELLES PUBLICATIONS

1860

Expériences sur le marteau pilon, à came et àressorts, de M. Schmerber, et sur la dureté des corps, par Clarinval, capitaine d'artillerie, professeur à l'Ecole d'application, in-8° avec deux planches. 4 fr.

La Bourgogne pendant les cent jours, d'après les documents originaux et les traditions contemporaines, par Victor Develay, 1 vol in-8° avec planche coloriée. 5 fr.

Végèce. Traité de l'art miltaire; traduction nouvelle, par Victor Develay, in-8°. 4 fr.

Salluste Conjuration de Catilina, traduction nouvelle, par Victor Develay, in-8°. 3 fr.

Documents officiels, sur la campagne d'Italie en 1859, suivis des éphémérides et accompagnés de 4 plans, i vol. in-8° 5 fr.

Expériences sur la fabrication et l'épreuve de canons de fer, coulés à la fonderie du Sud de Boston en 1844 in-8°. 3 fr.

Expériences faites à la fonderie du Sud de Boston, en 1844, pour déterminer la force transversale de différentes espèces de fer fondu, etc., etc., in-8°. 3 fr.

Expériences faites pour déterminer la force de diverses espèces de fer fondu, in-8°. 3 fr.

Expériences faites pour déterminer l'effet produit sur la qualité du fer en canons, pour un refroidissement lent ou rapide de la coulée in-8° 2 fr.

Expériences sur la fabrication de canons en fer de 24 livres, à la fonderie du Sud de Boston, in-8° 2 fr.

Expériences sur la fabrication de 100 obusiers en fer de 24 livres, à la fonderie d'Alger à Boston, in-8° 3 fr.

Expériences sur la fabrication et l'épreuve de Colombiades de 8 pouces, coulées dans les ateliers du Fort-Pitt, le 4 août 1849, n-8° 3 fr.

Expériences sur la fabrication et l'épreuve à l'extrême de deux colombiades de 8 pouces et de deux de 10 pouces, une de chaque espèce ayant été fondue pleine et l'autre creuse, in-8° avec 3 planches. 5 fr.

Expériences faites en 1850-1851, sur la fabrication de canons de 32 livres, pour armement des côtes, coulées aux fonderies Sud de Boston, de West-Point et de Fort-Pitt, in-8' avec planche. 5 fr.

Expériences sur la dureté des métaux, in-8° avec planche. 5 fr.

Le Vaisseau patron, solution du problême de l'organisation du personnel matelot de la marine française, par F,-X. Franquet, lieutenant de vaisseau en retraite, in° 4 fr.

Traité de perspective relief, par M. Poudra, officier supérieur d'Etat-major, ancien professeur à l'École d'État-major, ancien élève de l'École polytechnique, 1 vol. in-8° de texte et un atlas de 18 pl. 15 fr.

De l'emploi de l'infanterie dans la défense des places fortes, par Prittwitz et Gafron, lieutenant général et inspecteur général du génie de l'armée prussienne, trad. par M. Jules Moch, lieutenant répétiteur à l'École de Saint-Cyr, 1 vol. in-8°. 7 50

Études préliminaires d'une théorie des armes à feu rayées, par W. H. de Rouvroy, lieutenant-général commandant de l'artillerie royale saxonne, trad. par Rieffel, ancien professeur aux Ecoles d'artillerie, in-8° avec planche. 3 fr.

Note sur une embrasure, par le comte Paul de Saint-Robert, in-8° 2 fr.

Résumé des épreuves de la Truvia, (Espagne) 3 juillet 1855, in-8 2 fr.

Traité des armes, par le chevalier de Xylander. major au corps royal des ingénieurs de Bavière. Ouvrage traduit par le colonel d'Herbelot, et augmenté par le traducteur d'une notice historique sur l'artillerie et subsidiairement sur l'armée frrnçaise, et d'un vocabulaire des armes. L'ouvrage sera composé de trois parties; deux parties sont en vente prix., 10 fr.

Paris. — Imp. deMoquet, rue des Fossés-Saint-Jacques 11.

LE

VAISSEAU PATRON

SOLUTION DU PROBLÈME
DE L'ORGANISATION DU PERSONNEL MATELOT
DE LA MARINE FRANÇAISE;

Par F. X. **FRANQUET**.
Lieutenant de Vaisseau en retraite.

PARIS

LIBRAIRIE MILITAIRE, MARITIME ET POLYTECHNIQUE
J. CORRÉARD,
Libraire-éditeur et libraire-commissionnaire,
RUE SAINT-ANDRÉ-DES-ARTS, 58.

1860

LE VAISSEAU PATRON.

Solution du problème de l'organisation du personnel matelot de la marine française.

L'équipage d'un Vaisseau à trois ponts est le Patron dans lequel il convient de tailler l'armement de tous les bâtiments de la Marine impériale. Un équipage sans vaisseau est un corps sans âme.

CONSIDÉRATIONS PRÉLIMINAIRES.

Il n'existe pas un officier de marine prenant la mer à bord d'un navire armé pour la première fois, ou dont on vient de renouveler le personnel, qui ne se préoccupe avec raison de la bonté de l'équipage, avec lequel il doit affronter les dangers de la navigation : le personnel matelot, embarqué sur les bâtiments, est en effet la cheville ouvrière dans l'organisation du personnel de la marine militaire.

L'écrit qu'on va lire a pour objet de faire connaître comment une solution rationnelle de ce problême, qui a de tout temps préoccupé les hommes adonnés à l'étude de nos institutions maritimes, peut être logiquement déduite des dépositions faites par les officiers généraux de la marine, devant la commission d'enquête de l'assemblée législative.

Par un concours de circonstances fortuites, cette solution ayant été ma pensée habituelle pendant le cours de ma carrière d'officier de marine, j'ai eu la bonne fortune d'être appelé à la mettre en pratique dans des conditions propres à faire préjuger de sa bonté pour une application suivie. J'exposerai donc préalablement dans quelles circonstances j'ai été mis en demeure d'en faire l'expérience.

Dans le courant de 1856, le désarmement, pour ainsi dire simultané des bâtiments revenus de Crimée, avait encombré les casernes de la division des équipages de ligne de Brest, d'un excédant de personnel, que l'on jugea à propos de loger à bord du vaisseau le *Valmy*. J'eus la chance d'être le plus ancien des lieutenants de vaisseau commandant les quinze compagnies ou noyaux de compagnies permanentes casernées à bord. Le 1er août, les anciennes compagnies permanentes ayant été dissoutes pour préparer la nouvelle organisation des équipages de la flotte, je restai seul officier sur le *Valmy* avec la charge de procéder à la formation d'une seconde compagnie de marins de l'inscription maritime, dont la création venait d'être décrétée pour le 1er janvier de l'année suivante. De cette façon, j'eus l'avantage tout exceptionnel, de commander pendant sept mois consécutifs, à bord d'un vaisseau, une fraction du personnel des équipages de la flotte, qualifiée à la vérité du titre de compagnie, mais formant en réalité un équipage de vaisseau dont l'effectif moyen a été d'environ huit cents hommes, et s'est élevé parfois à quinze cents matelots de l'inscription maritime.

A bord du vaisseau le *Valmy*, cinq mois durant, j'ai été chargé d'effectuer la dissolution des compagnies permanentes des vaisseaux qui ont désarmé au port de Brest, et de procéder à la formation des équipages des bâtiments qui ont armé à la même époque, tels que le vaisseau le *Prince-Jérôme*, les frégates la *Cléopâtre*, la *Némésis*, etc.; dans la nouvelle organisation qui a abrogé les compagnies permanentes de cent trois hommes, le principe de la constitution du personnel matelot des bâtiments est le même pour les vaisseaux que pour les frégates et pour tous les bâtiments en général.

Sous l'empire de l'ancienne institution des équipages de ligne, la division de Brest avait souvent été obligée de pratiquer des opérations tout à fait identiques à celle qu'elle exécutait, par mon intermédiaire, à bord du vaisseau le *Valmy*. Mais elle opérait à terre dans une caserne, au lieu de procéder à bord d'un vaisseau à la formation des équipages des bâtiments nouvellement armés. J'ai éprouvé que cette différence de lieu, pour remplir une des fonctions les plus essentielles des divisions, avait une importance que je vais tâcher de caractériser.

Dans le rapport qui précède le décret sur l'organisation du personnel des équipages de la flotte, l'amiral Hamelin avait posé en principe que, désormais, l'homme serait la seule unité militaire dans la marine impériale. Plusieurs années auparavant, le vice-amiral Grivel avait témoigné, devant la commission d'enquête, qu'un vaisseau amiral, mouillé en rade, serait beaucoup préférable aux casernes des divisions pour recevoir les matelots nouvellement levés pour le service, et leur inculquer des idées de bonne tenue.

Sachant, au moment où on me confia le commandement de la 2me Inscrits, que je n'avais plus que quelques mois à passer au service de la marine impériale, pour être admis à faire valoir mes droits à la retraite, je résolus de les mettre à profit, pour coordonner et mettre en pratique, à bord du vaisseau sur lequel je commandais une compagnie de nouvelle création, deux principes fondamentaux pour la bonne organisation du personnel matelot, et dont la réalisation était depuis longtemps l'objet de mes vœux pour les progrès de la marine.

A la vérité, le *Valmy* n'était pas en rade, et il n'avait pas de pavillon amiral à son grand mât. Nonobstant ces lacunes apparentes, j'espérais que si je parvenais à établir dans le port, la discipline qu'on observe d'ordinaire à bord des navires en rade, j'aurais tout le bénéfice d'une proximité plus grande des magasins d'habillement de la division, pour la bonne tenue des hommes de nouvelle levée admis dans la 2me Inscrits. Grâce à l'ordre de service que le commandant de la division me permit d'établir à bord du *Valmy* amarré au bas de la longue rampe qui conduit à la caserne; grâce à la répartition des emplois de la comptabilité et de la discipline entre trois adjudants et un fourrier que l'on m'avait adjoints pour me seconder dans mon commandement, j'eus la satisfaction de voir, en très-peu de temps, mes idées de bonne tenue pour le personnel et le matériel gagner du terrain, et les matelots temporairement admis dans la 2me Inscrits, connaître et respecter les consignes du bord, comme s'ils eussent fait partie d'un équipage embarqué depuis longtemps.

Il ne restait plus, après cela, qu'à appliquer le principe nouveau posé par l'amiral Hamelin, comme un résumé de toute la nouvelle organisation des équipages de la flotte ; *l'unité navale, c'est l'homme.* Qu'il me soit permis d'entrer dans le détail d'une expérience que j'avais vu faire, en 1849, en rade de Toulon, par l'amiral Baudin, commandant en chef l'escadre de la Méditerranée. J'étais à cette époque, embarqué sur le vaisseau à trois ponts l'*Océan :* la commodité de ses logements avait décidé la division de Toulon à mettre à bord en dépôt environ sept cents marins de l'inscription maritime, provenant des côtes de l'Océan et de la Manche. L'amiral vint lui-même à bord avec son chef d'état-major, et choisit, homme par homme, environ six cents matelots dont il prépara, séance tenante, la répartition sur chacun des vaisseaux de l'escadre. Ma qualité d'officier chef de quart, m'avait obligé à l'accompagner pendant le cours de sa rapide revue d'inspection, improvisée contrairement à tous les usages reçus.

Si l'escadre n'avait pas été appelée à Toulon par

ordre supérieur, il est bien évident que le vice-amiral commandant en chef n'aurait pu se transporter personnellement à bord de l'Océan, pour y examiner, homme par homme, les matelots que la division lui avait destinés. Par qui eût-il pu être suppléé? Quelque mérite que l'on puisse supposer à un capitaine de vaisseau commandant une division, aucun officier supérieur ne saurait être revêtu d'une autorité suffisante, pour remplacer en tout point un vice-amiral dans une fonction si essentielle qu'un homme de mer, comme l'amiral Baudin, se trouvant à portée, jugeait à propos de ne pas l'exercer par délégation.

Plusieurs officiers généraux de la marine, ayant exercé le commandement dans nos principaux ports de guerre, ont témoigné devant la commission d'enquête que les attributions des majors généraux étaient loin d'être en harmonie avec leur qualité de seconde autorité maritime et militaire au chef-lieu d'arrondissement. Il est de fait que les majors généraux ont toujours été investis du commandement supérieur des équipages et des troupes à terre. On sait du reste que le commandement des équipages à terre est parfaitement rempli dans les grands ports, comme Brest et Toulon, par un capitaine de vaisseau, ayant ses bureaux au quartier de la division. Le commandement supérieur des majors généraux n'est donc à cet égard et ne saurait être qu'une surérogation honorifique et le droit de passer des revues pour vérifier la comptabilité et la bonne tenue. On ne conçoit guère qu'il puisse en être autrement en ce qui concerne les troupes d'infanterie et d'artillerie de marine : pour les équipages de la flotte, c'est tout autre chose. Autrefois, le commandement supérieur des majors généraux avait pour objet principal de garantir l'exécution des règlements dans la composition des compagnies permanentes d'équipages de ligne. Or, les compagnies permanentes n'existent plus ; les majors généraux ne peuvent donc aujourd'hui que garantir la bonne formation des équipages embarqués, en appliquant judicieusement le nouveau principe posé par l'amiral Hamelin.

Comment y parviendront-ils, si l'on ne leur remet pas entre les mains un instrument de commandement, un moyen facile et commode pour vérifier la bonté des équipages en personnel matelot ? Un vaisseau portant au grand mât le pavillon d'amiral, sur lequel les majors généraux seraient officiellement embarqués, pour exercer leur droit de commandement supérieur des divisions d'équipages de la flotte, à l'aide de deux ou trois lieutenants de vaisseau choisis dans les conditions requises de service à la mer sur les vaisseaux de haut-bord, offrirait à la bonne composition des équipages en personnel matelot une garantie qu'elle n'a pas eue jusqu'à présent, et qu'elle ne saurait avoir faute d'instrument de commandement remis aux majors généraux pour donner l'efficacité désirable à leurs attributions règlementaires.

Les personnes, au courant du service établi dans nos ports de guerre, comprendront facilement qu'un vaisseau amiral de la nature de celui dont j'ai tâché de faire pressentir l'utilité, remplacerait avec avantage non-seulement le corps-de-garde flottant, qualifié encore aujourd'hui du titre d'amiral, parce qu'il porte un pavillon d'amiral à son grand mât, mais encore les frégates et vaisseaux d'instruction des apprentis marins que l'on voit dans les ports de Brest et Toulon.

Je n'entrerai pas dans de plus grands détails sur l'idée qui a présidé à mon administration pendant que j'ai eu l'honneur de commander la 2me Inscrits, dans le port de Brest, à bord *du Valmy:* les officiers qui ont commandé dans les mêmes circonstances que moi, pourront se figurer aisément combien j'ai dû m'estimer heureux que mon successeur n'ait eu à me signaler aucune réclamation de la part des matelots après un paiement de plus de soixante mille francs, opéré à la hâte, au milieu d'un mouvement perpétuel d'embarquements exécutés le jour même.

Les réflexions suivantes, ayant pour conclusion le résultat que j'ai cru devoir exposer en commençant, m'ont été suggérées par l'étude approfondie des institutions de notre marine militaire et sa comparaison avec quelques marines étrangères. Elles m'ont préoccupé pendant vingt-cinq ans d'un service continu à la mer et dans les ports : ce n'est que trois ans environ après avoir cessé mes services dans la marine impériale que j'ai cru devoir les rédiger pour les livrer à l'appréciation du public en général, et de mes anciens camarades en particulier.

APERÇU GÉNÉRAL SUR LES ANCIENNES INSTITUTIONS DE LA MARINE FRANÇAISE.

Longtemps avant qu'il pût être question d'appliquer la vapeur à la navigation, les rois chevaliers, qui entreprirent de venger le saint tombeau des outrages des infidèles, avaient compris que pour protéger les pèlerins en Palestine il leur fallait des vaisseaux. C'est à Venise, Gênes, Anvers et d'autres villes maritimes, que les rois très-chrétiens durent avoir recours pour leurs diverses croisades. François Ier fut le premier roi en France, qui voulut avoir une marine à lui. A lui l'honneur d'avoir été le premier législateur de notre marine !

Plus tard, Louis XIV sentant le besoin d'une marine formidable, voulut avoir des vaisseaux, des matelots, des soldats, pour le service de son établissement naval. On fit venir les maîtres charpentiers de la Hollande, pour construire des vaisseaux ; les gens de mer des diverses provinces du royaume furent enregistrés sur des rôles comprenant diverses classes de matelots ; des corps militaires furent créés pour faire le service à bord des vaisseaux dans les armées navales : l'ordonnance de 1681 touchant la marine marchande, et celle du 15 avril 1689, touchant les armées navales, resteront à jamais des monuments immortels de la sagesse du grand roi. . . . .

Louis XVI venait d'apporter aux ordonnances de Louis XIV, quelques modifications suggérées par les progrès du temps, quand, ayant appelé à son aide les hommes du dix-huitième siècle pour sauver la monarchie d'une ruine imminente, les anciennes institutions de la marine furent renversées et d'autres mises à leur place, plus en harmonie avec les idées des progrès modernes, tout-à-fait antipathiques avec les priviléges héréditaires du passé.

La nouvelle organisation militaire de la marine française, qui supprimait de prime-abord la charge du grand amiral de France, fut édictée le 29 avril 1791 et dura jusqu'au jour où la Convention nationale et le comité de salut public, pénétrés de la nécessité de revenir sur les exagérations philosophiques des premiers constituants, reconnurent en principe le besoin d'avoir un amiral temporaire pour le commandement des flottes de la république, refondirent le corps de la marine déjà licencié en 1791, et décrétèrent les lois du 2 et 3 brumaire an IV, qui sont encore aujourd'hui le fondement de l'organisation de notre marine militaire, aussi bien que de notre marine marchande. Ce n'est pas ici le lieu de les examiner.

OPINION DE NAPOLÉON Ier SUR LES ANCIENNES INSTITUTIONS DE LA MARINE FRANÇAISE.

Voici d'ailleurs sur les constitutions diverses qui avaient régi la marine en France, depuis les temps les plus reculés jusqu'à la fin du dix-huitième siècle, l'opinion de l'homme qui devait être l'organisateur de la monarchie régénérée dans les principes de 1789.

Elle est extraite d'une lettre adressée le 1er messidor an VII (19 juin 1799) au Directoire exécutif, par le général en chef de l'armée d'Égypte :

« Quatre chaloupes canonnières partirent le 13
« pluviôse de Suez, arrivèrent le 18 devant Qosséyr
« où elles trouvèrent plusieurs bâtiments chargés
« des trésors des mamelouks que le général Desaix
« avait défaits dans la haute Égypte : au premier coup
« de canon, la canonnière le *Tagliamento* prit feu et
« sauta en l'air.

« La république n'aura jamais de marine tant
« qu'on ne refera pas *toutes les lois maritimes :* un
« hamac mal placé, une gargousse négligée perdent
« toute une escadre. Il faut proscrire les jurys, les
« conseils, les assemblées à bord d'un vaisseau ; il
« ne doit y avoir qu'une autorité, celle du capitaine,
« qui doit être plus absolue que celle des consuls
« dans les armées romaines.

« Si nous n'avons pas eu un succès sur mer, ce
« n'est ni faute d'hommes capables, ni faute de ma-
« tériel, ni d'argent, mais *faute de bonnes lois.* Si
« l'on continue à laisser subsister la même organisa-
« tion maritime, mieux vaut-il fermer nos ports ;
« c'est y jeter notre argent. »

ANALYSE DE L'OPINION DE NAPOLÉON Ier.

Analysons, de point en point, ce témoignage authentique d'un génie dont personne en France n'a le droit de récuser l'autorité dans le sujet en question : car les gouvernements les moins suspects de partialité pour l'Empereur, la Restauration par exemple, après avoir licencié, à titre de foyers de Bonapartisme, les équipages de haut-bord que Napoléon Ier avait créés à la fin de son règne, après avoir cherché pendant quelques années à rétrograder vers les institutions maritimes qui avaient illustré le règne de Louis XVI, finirent par en prendre leur parti et marchèrent dans la voie ouverte à la marine par le Grand Capitaine.

EFFORTS DU GOUVERNEMENT POUR AMÉLIORER LES INSTITUTIONS DE LA MARINE DEPUIS NAPOLÉON Ier.

C'est ainsi que, peu avant l'avènement de Charles X, on avait créé dans les ports de Brest et de Toulon quatre équipages de ligne sur les données des équipages de haut-bord à peine modifiées. Cette institution des premiers équipages de ligne, sans cesse retouchée et perfectionnée, a donnénaissance aux cinq divisions d'équipages de ligne qui ont existé dans les ports de Cherbourg, Brest, Lorient, Rochefort et Toulon depuis 1832 jusqu'en 1857, où elles ont été transformées en Divisions de dépôt des équipages de la flotte.

La dissolution du corps des officiers de vaisseau en 1791, 1795 et depuis....., le licenciement des équipages de haut-bord en 1814 et 1815, la dissolution à la fin de 1856 des compagnies permanentes d'équipages de ligne, qui constituaient la seule partie organisée du personnel militaire des vaisseaux, témoignent surabondamment que, depuis longtemps déjà, le gouvernement marche dans une voie de recherches sérieuses pour découvrir la meilleure organisation à donner au personnel des équipages, et qu'il n'a jamais craint de tailler dans le vif pour arriver à un résultat.

On ne saurait se dissimuler que c'est là la question fondamentale dans la constitution de la marine. A quoi bon, en effet, nos savants ingénieurs construiraient-ils les plus beaux et les meilleurs vaisseaux du monde, si la déposition faite au sujet du *Valmy* le 15 avril 1850 devant la commission d'enquête par le vice-amiral Leblanc, ancien préfet maritime de Brest, était applicable à beaucoup de vaisseaux de la marine impériale?

VICE SIGNALÉ DANS LA COMPOSITION DE L'ÉQUIPAGE DU *Valmy* PAR LE VICE-AMIRAL LEBLANC.

La voici copiée textuellement dans les documents mis dès longtemps à la disposition du public, avec les rapports de la commission d'enquête pendant les années 1849, 1850 et 1851 :

« Quand le *Valmy* a été armé, disait cet officier « général des plus compétents, j'ai été dans l'obligation, après avoir inspecté son équipage, de rendre « compte au ministre que le vaisseau ne pouvait pas « prendre la mer avec un équipage semblable; j'a- « joutai que je me refuserais à porter mon pavillon « sur un vaisseau ainsi armé, que je regarderais « comme incapable de courir la chance des événe- « ments de mer et encore moins de se présenter de- « vant l'ennemi. »

OPINION DU VICE-AMIRAL DE LA SUSSE.

On ne saurait nier qu'une organisation donnant lieu à de pareilles réflexions de la part des officiers généraux, chargés de la mettre en œuvre, ne fût une organisation vicieuse, ou tout au moins présentant des lacunes dans certains points essentiels. A Dieu ne plaise qu'il entre un instant dans ma pensée d'élever le moindre doute sur les progrès immenses accomplis dans le service de la marine, et notamment dans l'organisation du personnel des vaisseaux pendant que j'ai eu l'honneur de servir dans les rangs de leur état-major. Il serait bien difficile de dépasser le degré d'ordre et de perfection obtenu dans l'organisation des équipages des vaisseaux depuis les vice-amiraux Lalande et Hugon. Le vice-amiral de Susse, qui avait été souvent à même de comparer notre organisation militaire à celle des vaisseaux anglais, n'hésitait pas à affirmer, devant la commission d'enquête, que l'avantage lui avait paru être de notre côté, sauf l'adjonction d'une garnison qu'il jugeait constituer une lacune dans notre organisation maritime.

Nous devons faire remarquer en passant que sur ce dernier point nous ne partageons pas l'opinion de cet éminent officier général. Autrefois, les organisations des marines militaires de France et d'Angleterre étaient à peu près identiques sous le rapport de la composition des équipages. On a eu sans doute de très bonnes raisons pour supprimer les garnisons à bord des vaisseaux français : d'ailleurs, la garnison était implicitement renfermée dans les compagnies permanentes d'équipages de ligne. Ce ne saurait donc être dans l'absence d'une garnison qu'il faut voir une lacune fondamentale de notre organisation maritime. Depuis la révolution de 1789, les emplois d'officier de marine, n'étant plus en France le privilége exclusif d'une classe particulière de citoyens, il est indubitable, qu'à la garnison près, l'organisation des états-majors et des équipages est presque redevenue la même en France et en Angleterre. Toutefois, comme la flotte française, même avec son organisation aristocratique depuis Louis XIV jusqu'à la Révolution, a obtenu parfois des succès éclatants sur nos anciens rivaux, il est impossible d'attribuer à cette cause le résultat définitif que le jeune conquérant de l'Egypte lui reprochait avec une certaine apparence de justice.

Depuis la bataille de Navarin, la marine s'est montrée à la hauteur des services que le pays a réclamés d'elle, aussi bien à Saint-Jean-d'Ulloa et à Mogador que dans la Baltique et sous les remparts de Sébastopol. Toutefois, on est forcé d'avouer que la déposition, faite devant la commission d'enquête par l'un des préfets maritimes les plus distingués qui aient administré le port de Brest, ne fournisse matière à réflexions.

RÉFLEXION SUR LA DÉPOSITION DU VICE-AMIRAL LEBLANC.

C'est une chose grave qu'un vaisseau armé en pleine paix, il y a douze ans à peine, un vaisseau à trois ponts, le plus fort de côté sinon le plus beau de la marine française à cette époque, ait pu être jugé incapable de courir la chance des événements de mer et encore moins de se présenter devant l'ennemi à cause de la mauvaise composition de son équipage. Assurément toute mesure, qui tendrait à prévenir un inconvénient aussi déplorable, ne saurait être mal vue ni des marins, ni des amis de la marine, ni de tout le monde en France.

EXAMEN DES NOUVELLES INSTITUTIONS DE LA MARINE POUR REMÉDIER AU VICE SIGNALÉ PAR LE VICE-AMIRAL LEBLANC.

Tous les anciens officiers de marine ont encore présente à la mémoire l'émulation qui a existé parmi nos meilleurs et nos plus habiles capitaines de vaisseaux, pendant la plus grande partie du gouvernement de Juillet, pour la tenue du matériel à bord et la bonne organisation des équipages embarqués. C'est à leurs efforts persévérants que la marine impériale doit les bases du réglement sur le service intérieur qui la régit aujourd'hui, par suite du décret constitutif du 15 août 1851, sur le service à bord, rendu sous le ministère du comte Prosper de Chasseloup-Laubat. Les officiers anglais qui venaient visiter nos vaisseaux pendant le règne de Louis-Philippe, étaient si attentifs à nos rôles, et ont pu voir à bord tant de branlebas de combat que je ne pense pas qu'il puisse y avoir d'inconvénient à entrer dans quelques détails spéciaux indispensables au sujet qui nous occupe; iis rendront sensible, j'ose l'espérer, à la plupart des lecteurs de cet écrit, la lacune fondamentale de notre organisation maritime, qui ne nous a pas empêchés d'obtenir parfois de très-beaux succès sur mer depuis Duquesne et Dugnay-Trouin jusqu'aux amiraux Collet et Duperré.

IL N'EST PAS NÉCESSAIRE DE REFAIRE TOUTES LES LOIS MARITIMES POUR LES CONSTITUER SAGEMENT.

Un pivot faussé, un rouage mis hors de sa place, suffisent à déranger la montre la plus savamment combinée. Les officiers, qui se sont adonnés à l'étude des chronomètres, savent aussi que parfois, sous les climats orageux de la Zône torride, un coup de tonnerre a changé l'aimantation de leurs ressorts, et altéré leur marche pendant toute une campagne. Après tant d'essais et des essais si divers tentés depuis le 18 mars 1813, date de la création des équipages de haut-bord, pour donner à la marine française une organisation en harmonie avec ses besoins, on est en droit de se demander si, dans l'organisation primitive, il n'y aurait pas eu quelqu'inconvénient du genre de celui de notre montre marine, et de rechercher s'il ne serait pas possible d'y remédier sans renverser de fond en comble le vieil édifice des anciennes institutions, reposant tout entier sur l'inscription maritime qui est comme l'arche sainte de la marine militaire, et sans laquelle on ne conçoit même pas qu'elle puisse exister en France, quoiqu'il soit avéré, par l'exemple de l'Angleterre et d'autres nations réputées habiles dans les choses de la mer, qu'on peut obtenir d'assez beaux résultats en s'arrangeant différemment.

L'ÉQUIPAGE D'UN VAISSEAU A TROIS PONTS PRIS POUR TERME DE COMPARAISON DANS L'ÉTUDE DU PERSONNEL DE LA MARINE.

En toutes choses, pour fixer les idées et se rendre compte, il faut un terme de comparaison. Nous prendrons, pour terme de comparaison dans la marine, l'équipage d'un vaisseau de premier rang, et nous lui rapporterons tout le personnel des équipages de la flotte : en un mot, un vaisseau à trois ponts sera pour nous comme une balance dans laquelle il nous paraît à propos de peser toute la marine.

L'équipage d'un vaisseau à trois ponts, dit aussi vaisseau de premier rang, se compose de cinquante groupes de matelots qu'on appelle à bord des séries et qui ont assez d'analogie avec les pelotons de soldats dans l'armée de terre. Chaque série, groupe ou peloton, se compose de vingt et un hommes, savoir : un officier marinier du grade de second maître, équivalent à celui de sergent dans la ligne, un quartier-maître du grade de caporal, un chef de pièce, neuf servants de droite et neuf servants de gauche.

Chaque homme à bord est désigné par son numéro; il y a donc à bord mille cinquante numéros qui, par leur réunion et la combinaison des spécialités et fonctions diverses auxquelles ils s'adaptent, constituent les cadres d'un vaisseau. Par une convention aussi simple qu'ingénieuse, le numéro d'un homme fait connaître à la fois son poste de combat et son poste de manœuvre, l'étage du vaisseau où il pend son hamac, le lieu où il monte sa table pour prendre ses repas et les fonctions diverses qu'il remplit, eu égard à son rang, dans l'ordre des servants.......

L'état-major et le petit état-major ne sont pas compris dans les mille cinquante numéros qui constituent les cadres de l'équipage proprement dit.

COMPARAISON DES ÉTATS-MAJORS D'UN VAISSEAU FRANÇAIS ET D'UN VAISSEAU ANGLAIS.

Comme il peut être aussi utile qu'intéresant d'avoir une idée des états-majors et des petits états-majors dans la marine française aussi bien que dans la marine anglaise, nous allons en donner une notion abrégée qui mettra à même d'apprécier par comparaison quelques différences dans les deux organisations.

L'ordonnance des équipages de ligne et les règlements en vigueur admettent dans l'état-major d'un vaisseau de 1er rang : un capitaine de vaisseau commandant en chef et un capitaine de frégate commandant en second, ayant sous leurs ordres six lieutenants de vaisseau, chefs des divers détails dans lesquels se décompose le service des vaisseaux, savoir : canonnage, manœuvre, machine, charpentage, cale et timonerie ; sept enseignes de vaisseau et douze aspirants de marine sont répartis dans les divers détails sous les ordres des lieutenants de vaisseau, ou chargés de détails particuliers se reliant aux détails généraux.

Un officier détaché du commissariat, désigné sous le titre d'officier d'administration, forme avec les deux commandants le conseil d'administration qui constitue le vaisseau à l'état de personne civile.

Un chirurgien de marine de première classe est chargé à bord du service de santé : il a le titre de chirurgien-major ; des chirurgiens de seconde et de troisième classe le secondent dans ses fonctions.

Un aumônier catholique exerce à bord les fonctions du culte divin et est chargé de l'instruction religieuse de l'équipage en général et des mousses en particulier.

Les états-majors des vaisseaux anglais sont composés à peu près comme les nôtres, aux enseignes près, qui n'existent pas dans l'organisation anglaise, où ils sont suppléés par d'anciens aspirants appelés midshipmen passés (passed midship) par abrévation. Dans ces derniers temps, les capitaines anglais ont été amenés à adopter l'usage de prendre des *commanders* pour les seconder dans le commandement, à peu près comme les capitaines de frégates sur nos vaisseaux. Toutefois, par suite des usages traditionnels de la marine anglaise, les commandeurs sont loin d'avoir sur les vaisseaux de cette nation une position correspondante à celle des capitaines de frégate dans notre marine. Les vieux capitaines (captains), se révoltant à l'idée de nous avoir imités, prétendaient encore, il y a quelques années, que leur marine avait obtenu ses plus beaux succès pendant la guerre en n'ayant à bord que des premiers lieutenants. Il n'existe pas de conseil d'administration sur les vaisseaux anglais. Vraisemblablement, le contrôle de la comptabilité à bord n'offre pas moins de garantie que dans notre marine, quoiqu'il ne soit pas spécialement confié, comme chez nous, à un officier de l'administration générale de la marine.

Le chapelain, qui correspond à nos aumôniers, est un ministre de l'Eglise unie d'Angleterre et d'Irlande et s'asseoit à la table de l'état-major.

COMPARAISON DES SOUS-OFFICIERS QUI COMPOSENT LES PETITS-ÉTATS MAJORS DANS LES MARINES DE FRANCE ET D'ANGLETERRE.

On donne le nom de petit état-major ou de maistrance à bord des vaisseaux à la réunion des officiers mariniers et marins passés maîtres dans leurs professions respectives. Quatre professions de la marine ont depuis longtemps des premiers maîtres dont le grade correspond au rang d'adjudant dans l'armée, savoir : la manœuvre, le canonnage, la timonnerie, la discipline militaire; les autres professions maritimes, telles que le charpentage, le calfatage, la voilerie, l'armurerie et forges, n'ont que des maîtres, ayant rang de sergent-major. Depuis l'introduction des machines à vapeur à bord des navires, la machine a aussi son premier maître, ayant rang d'adjudant. Le commis aux vivres ou maître commis préposé aux soins des subsistances et le maître magasinier sont des personnages à part dans le petit état-major; leurs fonctions à bord sont en quelque sorte purement civiles : ils relèvent directement de l'officier d'administration.

LES MAITRES D'ÉQUIPAGES ET LES MASTERS.

Autrefois, le premier maître de manœuvre, vulgairement qualifié du titre de maître d'équipage, jouissait à bord d'une considération supérieure à celle de tous ses collègues de la maistrance; elle était en harmonie avec l'importance de ses fonctions dans l'ancienne marine à voiles.

Les *masters* des vaisseaux anglais, qu'on a toujours eu le tort d'assimiler à nos maîtres d'équipages, bien que leurs fonctions y correspondent dans certains détails apparents du service nautique, ont depuis longtemps rang d'officier et passent immédiatement après les lieutenants dans la hiérarchie de l'état-major des vaisseaux. Le master est comme la cheville ouvrière de la navigation : il est à la fois premier maître de manœuvre chargé de la tenue du gréement et de l'arrimage de la cale, il est pilote chargé de la route, et de plus, tient à bord une comptabilité particulière. De temps immémorial, il a dû écrire un journal exact et en bon ordre de ce qui pouvait intéresser la navigation, pour le remettre au bureau de la marine au retour des campagnes. C'est des journaux des *masters* que le bureau d'hydrographie extrait ces documents précieux rendus publics par la voie des journaux, avec la signature de leurs éditeurs responsables. On ne saurait trop le répéter et insister sur ce point fondamental, l'institution des *masters* est comme la pierre de touche de la marine royale d'Angleterre et le trait distinctif qui lui donne son cachet national ; les *masters* ont leur place à la table de l'état-major avec les lieutenants, le chapelain, le payeur et le trésorier. Ils ont frayé la voie aux *Engineers* des vaisseaux qui correspondent directement aux premiers maîtres mécaniciens de notre marine.

Depuis que l'on a introduit sur les vaisseaux des machines à vapeur qui les font marcher plus vite, par les vents contraires, que les anciennes galères en temps calme avec leurs avirons, les fonctions des premiers maîtres de manœuvre n'ont plus une importance aussi capitale qu'autrefois, quoiqu'elles soient encore les plus essentielles de la navigation ; car, tant que les navires auront besoin d'ancres pour s'amarrer, tant qu'ils seront obligés d'avoir des embarcations, l'officier marinier le plus habile à les manier, et ce sera toujours le premier maître de manœuvre, ne peut manquer de jouer un rôle essentiel dans mille circonstances décisives, en paix comme en guerre. On ne saurait en douter, l'expérience l'a mille fois demontré ; il s'est rencontré parmi les maîtres d'équipage du temps passé, des sujets hors ligne, de véritables hommes de mer, mais élevés malheureusement dans les préjugés de l'ignorance; ils ont eu la plupart en souverain mépris tout ce qui n'était pas du ressort immédiat de leur spécialité. Absorbés dans la connaissance approfondie du goudron et de tout ce qui s'y rattache, ils ont négligé d'autres connaissances aussi très-essentielles même pour les marins; aussi, en dépit des bouleversements les plus extravagants qui ont signalé la crise révolutionnaire, une barrière infranchissable les a tenus éloignés de la table des officiers pendant la domination des sans-culottes comme sous le règne des talons rouges. A chaque peuple son caractère. On pourrait probablement faire remonter au règne de la reine Élisabeth l'existence de maîtres d'école à bord des vaisseaux anglais. Thomas Lediard, dans son aperçu des institutions du royaume-Uni, en parle comme d'une chose déjà fort ancienne en 1734, il y a plus de cent ans.

Convenons au reste que si le premier maître de manœuvre et le premier maître mécanicien n'ont pas leur place à la table de l'état-major sur les vaisseaux français, la porte de la carrière d'officier leur est ouverte à deux battants, quand ils se sont mis en état de passer l'examen d'enseigne de vaisseau. En marine comme en tout autre chose, les commencements d'une institution et les mœurs qui en sont la suite sont le point essentiel à considérer ; il en est de même que pour les arbres auxquels on a une fois fait prendre un pli; on ne peut plus leur en donner un autre, quand ils ont vieilli dans une certaine direction.

COMPOSITION DE L'ÉQUIPAGE D'UN VAISSEAU A TROIS PONTS.

Mais nous avons dit que l'état-major et le petit état-major constituaient à bord des individualités à part. C'est pourquoi, faisant abstraction de ces deux éléments du personnel des vaisseaux, nous allons nous rendre compte de la composition du personnel de l'équipage proprement dit.

L'équipage, avons-nous dit, est composé de cinquante séries de vingt et un hommes chacune, y compris le second maître qui les commande. Nous allons les passer en revue, non par compagnies d'équipages de ligne, ainsi que cela s'est pratiqué jusqu'au 1er janvier 1857, ou par séries groupées en compagnies suivant le mode adopté depuis, mais par spécialités distinctes telles qu'elles résultent naturellement du rôle de combat ; nous armerons même les hommes des diverses spécialités des armes dont ils sont munis pendant le branle-bas de combat : en un mot, nous adopterons pour notre inspection l'ordre établi sur la frégate amirale de la station des Antilles en 1834, sous le commandement de l'amiral baron de Mackau, car il nous a paru supérieur à tous ceux que nous avons vu mettre en pratique.

RÉFLEXION SUR LES ANCIENNES COMPAGNIES PERMANENTES.

C'est le propre de tous les organisateurs de viser à une certaine uniformité, à laquelle la marine par nature s'est montrée toujours aussi rebelle que l'élément qui sert de théâtre à ses opérations. Quoique les anciennes compagnies permanentes composées d'un personnel homogène n'existent plus, comme on avait su les approprier aux besoins de chacun des bâtiments de la marine, par le moyen d'un personnel connu sous le nom de complément d'équipage, que l'on incorporait dans les compagnies permanentes pour les rendre uniformes à bord d'un même vaisseau, nous supposerons qu'après leur dissolution, le personnel du vaisseau se compose des mêmes éléments qu'auparavant, et répartissant le personnel des séries dans les grandes sections que nous avons fait pressentir comme une division naturelle de l'équipage d'un vaisseau, savoir : la navigation et le combat; nous supposerons qu'ayant fait ranger l'équipage sur le pont supérieur de notre vaisseau à trois ponts, depuis le gaillard d'arrière jusqu'au gaillard d'avant, la musique au milieu sur trois rangs, faisant face au pavillon.. On a.......

(Les personnes qui n'ont pas eu occasion de voir des revues en branle-bas de combat et en armes à bord des vaisseaux à trois ponts feront bien de réserver la lecture de cet exposé jusque et y compris l'alinéa *Un fourrier*, etc., de la page 48, après avoir lu le manuscrit tout entier, je ne puis que rappeler ici le paragraphe placé en tête du manuscrit.)

L'équipage d'un vaisseau à trois ponts est le patron dans lequel il convient de tailler l'armement de tous les bâtiments de la marine impériale. Un équipage sans vaisseau est un corps sans âme.

REVUE DE L'ÉQUIPAGE D'UN VAISSEAU A TROIS PONTS.

Musique.

Sept tambours destinés à rappeler l'équipage sur le pont ou dans les batteries et à battre la charge dans les branle-bas de combat... (nos 643 à 648, 650).

Sept clairons dont la fonction principale est de sonner la diane, les abordages.... (nos 743..., à 748, 750).

Sept fifres dont la musique joyeuse anime les matelots quand on vire au cabestan dans les appareillages, etc.... (793..., 798, 800).

1re *Section*. - NAVIGATION. — Services maritimes.

La section de la navigation ou du service maritime comprend : la manœuvre, la voilerie, la timonerie, le charpentage, le calfatage. Les objets divers de la manœuvre, de la voilerie, de la timonerie et du charpentage sont l'usage et l'entretien du matériel affecté à ces diverses spécialités, savoir : le gréement, les voiles, le gouvernail, la coque et la mâture du vaisseau. Le calfatage est une spécialité à part ; il a pour objet principal de prévenir et aveugler les voies d'eau quand il s'en présente dans le cours de la navigation ou pendant le combat. Aux cinq spécialités antiques de la navigation dont l'origine peut remonter à l'arche de Noë et à l'expédition des Argonautes, il faut joindre aujourd'hui la spécialité nouvelle des machines à vapeur marines.

Le dénombrement ci-après est destiné à faire connaître les diverses catégories du personnel affecté à chacune d'elles.

1° *Manœuvre*. 282 marins, savoir :

Huit seconds maîtres, chefs de la manœuvre au pied du grand mât et sur les gaillards d'avant et d'arrière.

Huit quartiers-maîtres chefs et seconds chefs des trois hunes de grand mât, mât de misaine, mât d'artimon, et les chefs du mât de beaupré.

Seize autres quartiers-maîtres pour les pieds de mât, la manœuvre des passavants, le patronage des embarcations, telles que le canot de l'amiral et celui du chef d'état-major, la chaloupe, le grand canot, le canot du capitaine, le canot major et les canots n°s 1 et 2.

Seize gabiers de combat de grand mât armés de mousqueton, grenades, sabre et pistolet (nos 601..., 616).

Notons une fois pour toutes que parmi les trois chiffres qui, à bord, composent le numéro d'un matelot, les deux derniers indiquent toujours le numéro de la série dont il fait partie, et son premier chiffre à gauche son numéro parmi les servants de la série. C'est ainsi que les numéros 601, 602.., 616 affectés spécialement aux gabiers de grand mât indiquent que dans l'ordre par série, ils sont sixièmes servants des seize premières séries du vaisseau. Or les seize premières séries ont leurs pièces dans la batterie basse ou première batterie; les séries suivantes, nos 17 à 32, ont leurs pièces dans la batterie du milieu ou deuxième batterie, ainsi que la quarante-neuvième; et les seize séries qui viennent après, nos 33 et 48, sont affectées aux pièces de la batterie supérieure ou troisième batterie, ainsi que la cinquantième. De cette façon, les cinquante séries ont leur logement attitré dans les trois batteries couvertes d'un vaisseau comme des abeilles ont leurs alvéoles dans chacun des rayons de leur ruche.

Cela posé, continuons le dénombrement de la manœuvre :

Dix-sept gabiers de combat du mât de misaine armés de mousquetons, grenades et espingoles (nos 617..., 632, 649).

Seize gabiers de combat et gabiers supplémentaires du mât d'artimon armés de grenades, mousquetons, haches d'abordage (nos 701..., 716).

Dix-sept gabiers de combat et gabiers supplémentaires du mât de beaupré, armés comme les gabiers d'artimon (nos 717..., 732, 749).

Seize gabiers supplémentaires de grand mât armés de sabre, pistolet, hache d'abordage (nos 751.... 766).

Dix-sept gabiers supplémentaires du mât de misaine armés comme ceux du grand mât (nos 767.... 782, 799).

Seize caliers, vigoureux matelots affectés au service de la cale du vaisseau (nos 801..., 816).

Soixante-cinq servants ou matelots de pont pour la manœuvre du gaillard d'arrière (nos 333..., 348, 350); nos (401..., 416); (451..., 466) (canotiers n° 1; (951..., 966).

Soixante-huit servants ou matelots de pont pour la manœuvre du gaillard d'avant (nos 417..., 432, 449); (467..., 482, 499); (967..., 982, 999).

Deux fourriers du rang de quartier-maître ou second maître.

2° *La Voilerie.* 11 marins, savoir :

Quatre seconds maîtres dont deux sans armes et deux armés, l'un d'un sabre et pistolet, l'autre d'un sabre et fusil.

Trois quartiers-maîtres dont un armé d'un sabre et fusil, les autres sans armes.

Quatre matelots voiliers sans armes (nos 895..., 898).

3° *La Timonnerie.* 25 marins, savoir :

Quatre seconds maîtres tous armés, l'un d'un sabre et fusil, les trois autres d'un sabre et pistolet.

Quatre quartiers-maîtres dont deux armés d'un sabre et pistolet.

Dix-sept timoniers dont la moitié du premier abordage avec sabre et pistolet (nos 833..., 848, 850).

4° *Le Charpentage.* 15 marins, savoir :

Trois seconds maîtres dont un armé d'un sabre et les deux autres d'un sabre et fusil.

Trois quartiers-maîtres dont un avec sabre et fusil.

Neuf matelots charpentiers... (nos 933..., 940, 950).

6° *Le Calfatage.* 14 marins savoir :

Trois seconds maîtres chargés d'entretenir et de manœuvrer les pompes à incendie.

Trois quartiers-maîtres dont un armé d'un sabre et fusil.

Huit matelots calfats... (n° 941 et 948).

6° La *manœuvre de la machine.* 41 marins, savoir:

Un premier maître mécanicien ayant sous ses ordres deux maîtres; six contre-maîtres, seize ouvriers chauffeurs, seize matelots chauffeurs.

2e *Section.* — **COMBAT. — Services militaires.**

La section du service militaire du vaisseau ou deuxième section comprend les marins affectés plus particulièrement aux services divers du canonnage et de la mousqueterie. Nous allons en faire le dénombrement en procédant, comme nous avons fait pour la section du service maritime et rangeant les marins affectés à la manœuvre des canons de trois batteries couvertes aussi bien que ceux de la batterie des gaillards à la suite des marins du service maritime proprement dit, et voyant ensuite les marins plus spécialement consacrés à la mousqueterie qui fournit la garde et les factionnaires du vaisseau. A l'habit près, qui est celui de leurs camarades, leur service principal à bord est le même que celui des anciennes garnisons sur les vaisseaux français, dont la tradition s'est conservée dans la marine royale d'Angleterre et dans celle des Etats-Unis.

1° *Canonnage.* 466 marins, dont : 148 de la 1re batterie, 165 de la 2e, 104 de la 3e, 41 de la 4e batterie ou batterie des gaillards.

Première batterie. 148 marins, savoir :

Trois seconds maîtres dont les deux premiers affectés au service des soutes à poutre (voir la note), et le troisième au service de la batterie basse.

Seize chefs de pièce armés de sabre et pistolet (nos 1..., 16).

Seize chargeurs armés de sabre, pistolet, poignard (nos 101..., 116).

Seize premiers servants de gauche, avec sabre et pistolet (nos 151 à 166).

Seize deuxièmes servants de gauche, canotiers de l'amiral, sabre et pistolet nos (251..., 266).

Trente-deux troisièmes servants de droite et de gauche, chaloupiers armés d'un sabre (nos 301 et 351 à 316 et 366).

Seize sixièmes servants de gauche armés d'une

pique pour la garde des sabords, pourvoyeurs (nos 651..., 666).

Seize neuvièmes servants de droite, mousses coureurs destinés à apporter les gargousses, depuis les guérites des soutes jusqu'aux reposoirs de la 1re batterie (nos 901..., 916).

Le fourrier de la batterie ayant rang de quartier-maître ou de second maître.

Note. C'est ici le lieu de rappeler l'observation remarquable du moderne conquérant de l'Egypte : « Un hamac mal placé, une gargousse négligée perdent une escadre. » Dans des observations publiées à la suite d'un voyage entrepris pour étudier l'organisation de la marine anglaise, l'un des officiers les plus distingués de la marine impériale, M. le comte de Missiessy, a remarqué que nos voisins d'outre-Manche étaient depuis longtemps dans l'habitude de n'avoir sur leurs vaisseaux de ligne qu'une seule soute à poudre, située au milieu et vers le centre du vaisseau au lieu d'en avoir une à chaque extrémité de la cale comme chez nous. Cette disposition, qui simplifiait beaucoup le passage des poudres, a été de nature à prévenir bien des accidents.

Deuxième batterie. 173 marins, savoir :

Deux seconds maîtres armés d'un sabre ; l'un des deux est en outre muni du tablier garni.

Dix-sept chefs de pièce armés de sabre et pistolet (nos 17.... 32. 49).

Dix-sept chargeurs, sabre, pistolet, poignard (nos 117..., 132, 149).

Dix-sept premiers servants de gauche, sabre et pistolet (167...., 182. 199).

Trente-quatre deuxièmes servants de droite et de gauche, canotiers majors armés d'un sabre et pistolets (nos 217 et 267 à 232 et 282 ; 249, 299).

Trente-quatre troisièmes servants de droite et de gauche, grands canotiers, armés d'un sabre (nos 317 et 367 à 332 et 382 ; 349, 399.

Dix-sept sixièmes servants de gauche armés d'une pique pour la garde des sabords pourvoyeurs (nos 667.... 682, 699).

Dix-sept huitièmes servants de droite affectés au service des poudres et au transport des blessés (nos 817..., 832, 849).

Dix-sept neuvièmes servants de droite, mousses coureurs, affectés au transport des gargousses dans l'entrepont (nos 917...., 832, 949).

Le fourrier de la batterie ayant rang de quartier-maître ou second maître, sabre d'infanterie.

Troisième batterie. 104 marins, savoir :

Un second maître muni du tablier garni et armé d'un fusil et sabre.

Dix-sept chefs de pièce armés d'un sabre et pistolet (nos 33..., 48, 50).

Dix-sept chargeurs armés d'un sabre, pistolet, poignard (nos 133..., 148, 150).

Dix-sept premiers servants de gauche avec sabre et pistolet (nos 183..., 198, 200).

Dix-sept deuxièmes servants de droite armés d'un sabre (nos 233..., 248, 250).

Dix-sept deuxièmes servants de gauche armés d'un sabre et fusil pour la mousqueterie d'abordage (nos 283..., 298, 300).

Dix-sept sixièmes servants de gauche, pourvoyeurs armés d'une pique pour la garde des sabords (numéros 683..., 698, 700).

Le fourrier de la batterie ayant rang de quartier-maître ou de second maître.

Quatrième batterie ou batterie des Gaillards. 41 marins, savoir :

Un second maître armé d'un sabre et muni du tablier garni.

Dix chefs de pièce, sixièmes servants de droite de

la 3e batterie, armés d'un sabre et pistolet (nos 633..., 642).

Dix chargeurs, les septièmes servants de droite de la 3e batterie, armés d'un sabre, pistolet, poignard (nos 733..., 742).

Dix premiers servants de gauche, les septièmes servants de gauche de la 3e batterie, armés de sabre et pistolet (nos 783, 792).

Dix pourvoyeurs, les huitièmes servants de gauche de la 3e batterie, armés de piques (nos 883..., 892).

2° *La mousqueterie*. 138 marins, savoir :

Deux sergents d'armes.

Deux caporaux d'armes.

Trente-deux cinquièmes servants de droite et de gauche de la 1re batterie (nos 501 et 551 à 516 et 566).

Trente-quatre cinquièmes servants de droite et de gauche de la 2e batterie (nos 517 et 567 à 532 et 582; 549, 599).

Trente-quatre cinquièmes servants de droite et de gauche de la 3e batterie (nos 533 et 583 à 548 et 598; 550, 600), armés de fusils de remparts.

Trente-quatre quatrièmes servants de droite et de gauche de la 3e batterie (nos 433 et 483 à 448 et 498; 450, 500).

3e *L'Armurerie et Forges.* 4 marins, savoir :

Deux seconds maîtres armuriers.

Deux matelots et ouvriers armuriers (nos 893, 894).

3e *Section.* — **Services civils.**

Aux sections du service maritime et du service militaire joignons une troisième section pour le service des subsistances et du magasin général, et nous aurons ainsi complété le dénombrement du personnel du vaisseau. Ici comme dans les deux premières sections, nous éliminerons tout ce qui se trouve avoir à bord une assimilation supérieure au grade de second maître, et nous trouverons pour le service des subsistances et du gardiennage :

Services civils. 35 marins, savoir :

Deux seconds commis aux vivres.

Seize huitièmes servants de gauche de la 1re batterie, gardiens du faux pont et des maîtres (851..., 866).

Dix-sept huitièmes servants de gauche de la 2e batterie, infirmiers, agents de cambuse... (nos 867..., 882, 899).

Un fourrier secrétaire du commandant en second ou de l'officier d'administration.

L'INSCRIPTION MARITIME ET LE RECRUTEMENT ORDINAIRE, BASES DU RECRUTEMENT DE LA FLOTTE.

Maintenant que nous venons de voir défiler avec leurs armes les mille cinquante marins encadrés qui composent l'équipage d'un vaisseau de 1er rang, nous allons les examiner au point de vue du recrutement général de la flotte.

OPINION DE L'AMIRAL DE MACKAU.

L'amiral de Mackau, qui a été quatre ans ministre de la marine et qui passait en son temps pour l'un des officiers généraux s'étant le plus occupés du régime des équipages, s'exprimait ainsi devant la commission d'enquête sur les services de la marine à la date du 18 mars 1850 : « le personnel qui s'embarque sur les bâtiments de guerre se prend à deux « sources : l'inscription maritime et le recrutement. « Les hommes donnés par le recrutement ne doivent « être retenus à terre que le temps rigoureusement « nécessaire pour les répartir dans les diverses compagnies auxquelles ils doivent appartenir et pour « les habiller. Cela n'a pas toujours été la règle. A

« une époque déjà éloignée, vers 1827, lorsqu'au « lieu de l'organisation par compagnies existait celle « par bataillons, on a retenu ces bataillons longtemps « dans les ports avec la prétention de les rom- « pre aux manœuvres de l'infanterie; dans mon opi- « nion, on a eu tort d'agir ainsi : car les vrais mate- « lots, ceux qui ont déjà navigué au commerce, ont « une grande antipathie pour un tel emploi de leur « temps, tandis que les hommes du recrutement « compris dans les mêmes compagnies ayant, eux, « au contraire, de l'éloignement pour la navigation, « se faisaient promptement à la vie des casernes de « nos ports, aux exercices d'infanterie, et éprou- « vaient un véritable regret quand il fallait quitter « ces habitudes pour s'embarquer, c'est-à-dire rece- « voir la véritable destination pour laquelle ils étaient « appelés au service. Quant aux hommes fournis par « l'inscription maritime, il n'existe aucun motif de « les conserver à terre au-delà de une ou deux se- « maines. Ainsi donc, soit pour les uns, soit pour les « autres, le meilleur mode est celui qui les mène le « plus promptement sur les bâtiments où ils doivent « faire campagne. »

RÉFLEXIONS SUSCITÉES PAR L'OPINION DE L'AMIRAL DE MACKAU.

Aujourd'hui, comme au 18 mars 1850, le personnel qui s'embarque sur les bâtiments se prend à la double source de l'inscription maritime et du recrutement. Depuis que les compagnies permanentes ont été dissoutes, il semblerait inutile de retenir à terre les hommes donnés par le recrutement, puisqu'on n'a pas besoin de les répartir dans des compagnies qui n'existent plus : il suffirait de très-peu de temps pour les habiller avec l'organisation actuelle du magasin d'habillement dans les divisions des équipages de la flotte. Si donc ils n'ont pas besoin d'être rompus aux manœuvres d'infanterie, il semblerait inutile d'en avoir jamais dans les casernes des ports ; d'un autre côté, les vrais matelots, ceux qui ont déjà navigué au commerce, ont une grande antipathie à ce qu'on emploie leur temps à les rompre aux manœuvres d'infanterie. Voilà donc des hommes d'origines diverses, les hommes de l'inscription maritime et les hommes du recrutement qui étaient réunis dans les mêmes compagnies permanentes, les uns éprouvant un éloignement naturel pour la navigation, les autres, pour l'école du soldat, obligés, par leur réunion, sous le toit commun d'une caserne, de constituer le personnel organisé de la marine militaire. Telle était l'ancienne organisation des équipages de ligne : leurs compagnies permanentes ont été supprimées depuis le 1er janvier 1857, et il n'y a plus à terre que des compagnies de dépôt dans lesquelles sont réparties les marins des diverses spécialités de la marine, soit qu'ils appartiennent au recrutement ordinaire ou qu'ils proviennent de l'inscription maritime.

HYPOTHÈSE D'UN ARMEMENT GÉNÉRAL DE LA FLOTTE FRANÇAISE.

Admettons, la chose s'est déjà présentée dans le cours de notre histoire, que le gouvernement se trouve dans la nécessité d'avoir à Brest une armée navale de vingt-six vaisseaux de ligne et vingt-quatre escadres ou divisions navales, éparpillées dans les diverses mers du globe pour y protéger les intérêts nationaux et ruiner les établissements de l'ennemi ; l'armée navale, opérant dans les parages de Brest, comprendra par hypothèse : cinq trois ponts, six vaisseaux de 2e rang, sept de 3e, et enfin huit de 4e rang. Chacune des vingt-quatre escadres sera composée d'un vaisseau de 4e rang, deux frégates, trois corvettes, un transport, deux canonnières, un aviso; nous supposerons chacun des navires muni d'une machine à vapeur appropriée à sa dimension.

Pour armer la flotte de Brest, il faudrait, en se conformant aux anciennes prescriptions réglementaires, 20,548 marins incorporés dans 136 compagnies, 650 mécaniciens, 494 surnuméraires, magasiniers, infirmiers, barbiers, domestiques ; total, 21,692 marins. Pour armer chacune des vingt-quatre escadres dont nous avons donné la composition, il eût fallu en tout 2,659 marins, incorporés dans 15 compagnies. (Nous nous sommes servi du vieux mode de numération par compagnie à cause de la facilité qu'on y trouve comme point de repère pour la mémoire). Multipliant par vingt-quatre l'effectif d'une division navale, on arrive au chiffre de 64,616 marins pour les vingt-quatre divisions, abstraction faite de la portion des états-majors et petits états-majors non incorporés dans les compagnies, mais en tenant compte du service des subsistances et du personnel des surnuméraires.

Que le chiffre de l'inscription maritime soit de 82,294 gens de mer classés, comme sous le règne de

Louis XV, ou de 142,261 sous Louis XVI, on peut obtenir de grands résultats en marine, sans avoir recours à un déploiement aussi extraordinaire de nos ressources maritimes.

Au francophobe enragé qui foudroya Villeneuve et sa grande *armada*, du haut de ses trente-trois vaisseaux de ligne rangés en bataille, on préférera toujours cet humble fils de Gênes, parvenu amiral et vice-roi des Indes, battant la mer à la cape pendant une lune entière, sur une caravelle délabrée de la Reine de Castille, afin de s'ouvrir le passage à peine entr'ouvert aujourd'hui qui devait le conduire aux rivages de Cipango, jadis visité par le vénitien Marco Paul.

Si la prépondérance maritime de l'Angleterre est en partie le fruit des exploits de son illustre homme de guerre, le continent tout entier, depuis quatre siècles bientôt, n'a pas encore défriché la cinquième partie des champs ouverts à son activité par la persévérance infatigable du Père de la navigation transatlantique.

L'Europe, régénérée dans le baptême sanglant de nos discordes civiles, n'a pas oublié les luttes guerrières qui anoblirent ses blasons au temps de la foi des vieux âges. Partout où s'est établie la race européenne, les beaux exploits auront longtemps encore le privilége d'émouvoir les âmes généreuses. Mais si le deuxième empire est la paix, il n'est que trop évident que bien souvent la guerre est le seul recours possible pour guérir les maux de la triste humanité.

DÉSARMEMENT GÉNÉRAL DE LA MARINE POUR RENTRER DANS LES CONDITIONS NORMALES DE LA PAIX.

Une marine sagement constituée serait celle qui, pouvant à tout instant développer la plénitude de ses ressources militaires pour le jour de la guerre, pourrait avec la même facilité, par la diminution de ses armements, être réduite à sa plus simple expression comme une épée dans un fourreau.

Si, après avoir embarqué, sur les vaisseaux de l'État, 85,400 marins, que nous avons supposés incorporés dans 496 compagnies permanentes, ayant un effectif moyen de 172 hommes chacune, on était amené, par suite des circonstances de la paix, à ramener les armements maritimes à la moitié, au tiers, au quart de l'effectif de guerre, rien ne semble plus facile en apparence, rien ne l'est moins en réalité, quand on veut conserver la même puissance effective pour ainsi dire à l'état latent, tout en allégeant les charges du budget.

RÉSERVE PRÉCIEUSE DE L'INSCRIPTION MARITIME.

L'inscription maritime, en mettant tous les marins sans exception à la disposition du gouvernement en France, lui donne une réserve précieuse que nulle autre nation ne possède en Europe. Il faut savoir en user avec mesure et prudence ; car s'il en était autrement, cette faculté prodigieuse, qui n'a pas empêché les revers de notre marine dans le dernier siècle et au commencement de celui-ci, pourrait bien n'être en définitif qu'un présent fallacieux.

DÉTAILS SUR LA RÉDUCTION DU PERSONNEL DANS L'ÉTAT DE PAIX.

Admettons qu'on veuille réduire les armements au tiers de ce qu'ils étaient pendant la guerre, c'est une opération analogue à celle qui s'est pratiquée au retour de l'expédition de Crimée. Sur les 85,400 marins embarqués à bord des vaisseaux, il faudra en congédier 56,900, afin qu'il n'en reste plus que le tiers, soit 28,500 à la mer ou embarqués. Une longue expérience, confirmée par le témoignage des officiers généraux et des hommes de mer les plus compétents, a prouvé que la proportion d'un tiers d'hommes du recrutement sur deux tiers de marins de l'inscription maritime, donnait la meilleure composition pour la force physique et la force intelligente des vaisseaux. Les marins en général, (le vice-amiral Hugon l'a fait devant la commission d'enquête), désignent assez volontiers sous le titre de force intelligente les matelots qui, ayant déjà navigué au commerce, ont comme l'intuition des choses de la mer, et professent en général très-peu de goût pour les écoles de soldat. Ce serait donc 38,000 marins environ de l'inscription maritime à renvoyer aux classes pour armer les bateaux de pêche ou servir à bord des navires du commerce. Mais les 19,000 marins du recrutement qu'en fera-t-on ? Les renverra-t-on dans leurs foyers avec des congés indéfinis, quand la guerre maritime, ayant duré à peine dix-huit mois, il reste encore à la plupart d'entr'eux un temps notable de service à faire, ou bien, ne devant garder que 28,500 marins à la mer, ira-t-on détruire la proportion jugée la meilleure dans la composition des équipages, pour les former, en majeure partie, de marins du recrutement que tout le monde reconnaît n'être pas de vrais matelots?

OPINION DU VICE-AMIRAL LEBLANC, SUR LES MARINS DU RECRUTEMENT ORDINAIRE.

Le vice-amiral Leblanc affirmait avec raison, à la commission d'enquête, que les hommes du recrutement n'ont pas en général l'intention de continuer leurs services dans la marine : « Ils y servent contre leur gré, mais ils sont très-aptes au service des armes ; ils font de bons canonniers, et sont adroits dans l'exercice du fusil ; pour le matelotage, il n'en est pas ainsi. Il y a cependant des exceptions, et à bord des bâtiments qui font de longues campagnes, il y a des hommes du recrutement qui deviennent matelots, gabiers, sans toutefois valoir ceux de l'inscription ; ils sont généralement recommandables par leur esprit d'ordre et de discipline. »

Après avoir diminué des deux tiers ses armements de guerre, la marine, contrainte par les nécessités de la paix, à ne garder qu'un effectif de 28,500 marins embarqués, se trouve avoir sur les bras 19,000 marins du recrutement qu'elle serait bien embarrassée de loger dans les casernes qui servent de dépôt aux équipages de la flotte. Ce chiffre est bien exagéré, dira-t-on : la marine se trouvera rarement dans un cas pareil. Réduisons-le de moitié, si l'on veut, pour le répartir entre deux ports principaux, au cinquième même pour le partager également entre les cinq ports; il nous reste soit 9,500 marins du recrutement, soit 3,800, dont on ne peut se débarrasser qu'en les renvoyant dans leurs foyers, libérés du service par faveur spéciale, ou bien en les incorporant dans l'armée de terre, ce qui pourrait se faire sans augmenter ses dépenses, au moyen de quelques mesures appropriées à la circonstance. « Mais ces hommes sont devenus de bons canonniers à bord, ils sont fort adroits dans l'exercice du fusil : sans être de parfaits matelots, ils ont acquis le pied marin; à force de marcher sur le pont des vaisseaux; ils pressentent d'avance le mouvement du navire, l'inclinaison qu'il va prendre, soit d'un côté, soit d'un autre, le temps d'arrêt instantané qui va se produire; ils peuvent saisir le moment précis, unique, où il faut lâcher le coup pour faire arriver le projectile au but » (déposition du vice-amiral Cécile), enfin ils appartiennent à la marine; et elle va se priver en un clin-d'œil, d'une richesse qu'elle a mis tous ses soins à produire et dont elle peut avoir besoin à tout instant. Une fois partis, les marins du recrutement ne reviennent plus, la marine ne les a pas constamment à sa disposition comme les marins de l'inscription maritime.

LA PERMANENCE DES ANCIENNES COMPAGNIES D'ÉQUIPAGES DE LIGNES DITES PERMANENTES, N'ÉTAIT QU'UNE FICTION.

Les anciennes compagnies permanentes d'équipages de ligne qui, pendant trente-cinq ans, ont été regardées comme une nécessité de l'organisation militaire de la marine, n'ont jamais pu être que des fictions administratives; car on n'a jamais pu ou voulu les constituer autrement qu'en y faisant entrer les marins de l'inscription maritime pour les deux tiers au moins. Aussi, tandis que, d'après la loi, les marins du recrutement restaient sept ans au service dans la marine, aussi bien que dans l'armée de terre, ceux de l'inscription étaient non-seulement renouvelés tous les trois ans, mais plus souvent à des époques indéterminées ou déterminées seulement par l'idée du ministre de la marine et les besoins du moment; il était impossible de fonder une permanence quelconque avec deux éléments aussi hétérogènes et dans des conditions pareilles. Cependant, il est avéré que la permanence des corps militaires est une bonne chose en elle-même, à cause des traditions d'ordre et de discipline qui en sont une suite naturelle; on peut même ajouter que, dans le cercle d'action de la marine agissant par fractions, la plupart du temps insignifiantes et d'une façon subordonnée, l'esprit de corps n'y saurait jamais être dangereux.

COMPAGNIES PERMANENTES DU RÈGNE DE LOUIS XVI.

Au moment de la Révolution de 1789, il y avait dans la marine de Louis XVI des compagnies permanentes de matelots canonniers commandés par des lieutenants de vaisseau, aussi bien que des compagnies de matelots fusiliers, placées à terre sous l'autorité immédiate du major-général de la marine, une fois qu'elles étaient débarquées.

COMPAGNIES PERMANENTES DE LA MARINE ROYALE D'ANGLETERRE.

Les Anglais, si judicieux dans les choses de la marine, ont donné le nom de Forces de la marine royale à cent vingt-quatre compagnies permanentes, organisées militairement sous les ordres d'un amiral de la flotte. Elles sont réparties entre les ports de Portsmouth, Plymouth, Chatam et Woolwich, et servent à former la garnison des vaisseaux et autres navires de la marine royale. Les royal-marine ont un uniforme à part et sont commandés par des officiers *ad hoc*. L'esprit de la nation anglaise n'est pas le nôtre; il serait tout à fait maladroit de vouloir imiter ces insulaires, même dans les choses les meilleures pour eux. Remarquons, toutefois, qu'en tout temps, les Anglais ont cru augmenter la puissance effective de leur marine, en augmentant le chiffre des compagnies de red-jackets (casaques rouges). Les matelots vont et viennent, mais les royal-marine sont la partie permanente de l'établissement militaire de la marine en Angleterre.

UTILITÉ ET MOYEN D'AVOIR DES COMPAGNIES PERMANENTES EN FRANCE.

En France, quand les armements sont réduits, la moitié des lieutenants de vaisseau se trouve sans emploi dans les ports ou avec des emplois insignifiants. La disponibilité n'est pas un principe reçu de notre organisation maritime, et il n'est pas loisible dans la paix la plus profonde, aux lieutenants et enseignes de vaisseau, qui ne sont pas requis pour le service des embarquements, de se faire mettre à demi-solde pour naviguer au commerce comme les officiers de divers grades dans la marine royale d'Angleterre. Il y aurait donc avantage à avoir des lieutenants de vaisseau, capitaines de compagnies vraiment permanentes, soit de matelots canonniers, soit de matelots fusiliers, ainsi que cela a eu lieu autrefois dans les beaux jours de la marine de Louis XVI. La différence d'éducation des matelots de ces deux spécialités sur le vaisseau des matelots canonniers, et dans le bataillon de fusiliers de Lorient, suffit amplement, avec le service qu'ils ont à faire sur les navires armés, pour différencier leur tenue d'avec celle de leurs camarades plus libres de l'inscription maritime. Le paletot boutonné jusqu'en haut, le ceinturon avec ou sans giberne, sont des choses qui sautent aux yeux : et l'esprit de corps aidant, il n'en faut pas davantage pour susciter une émulation fort avantageuse entre matelots d'un même bâtiment.

Dans la dernière guerre contre la Russie, la marine a eu jusqu'à deux cents compagnies dites permanentes embarquées ; nous avons exposé comment elles étaient constituées de manière à ne pouvoir jamais atteindre la permanence dont on les qualifiait et dont nous avons cherché à faire ressortir l'utilité. Si l'on avait seulement soixante-six compagnies permanentes de matelots canonniers et de matelots fusiliers, ce serait déjà un noyau de stabilité approprié aux besoins permanents de notre établissement maritime; car, en marine, on ne saurait trop le répéter, rien ne s'improvise, tout est affaire de prévoyance.

PRINCIPE MARIN DANS L'ORGANISATION DE LA MARINE ANGLAISE MÉCONNU EN FRANCE.

A peine si, depuis la reine Élisabeth, le régime économique de la marine britannique a subi quelques légères modifications, et pourtant les Anglais sont sans cesse occupés à perfectionner leurs institutions maritimes; mais ils ont toujours eu grand soin de mainnir un principe d'organisation que nous avons toujours méconnu ou défiguré, et sur lequel cet écrit a pour objet tout spécial d'attirer l'attention. Ce principe consiste à donner pour axe de rotation à leur marine le grand mât d'un vaisseau de préférence à une caserne de dépôt.

LE VICE-AMIRAL GRIVEL AVAIT INDIQUÉ L'UTILITÉ D'UN VAISSEAU AMIRAL DANS LES RADES DE FRANCE.

Un ancien marin de la garde, bien connu de toute la marine contemporaine pour avoir toujours été des premiers sur la brèche à défendre les intérêts de la marine, dans les jours parfois difficiles de nos bouleversements politiques, et pour avoir provoqué en tout temps les progrès de son arme, le vice-amiral baron Grivel, aujourd'hui sénateur, interrogé des premiers, par la commission d'enquête, s'exprimait ainsi le 24 décembre 1849 : « Je voudrais que, dans chaque rade, il y eût un vaisseau portant le pavillon d'amiral, et que tous les matelots fussent conduits à bord à leur arrivée. Là on les laverait, on les nettoierait, on les habillerait à l'instant même. Il y a un grand inconvénient à les laisser à terre dans les divisions ; ils dépensent leur argent dans les cabarets, ils contractent des maladies, il vaudrait mieux les laisser à bord. »

Afin de préciser les idées, nous allons rappeler brièvement ce que nous avons déjà exposé au sujet de l'équipage d'un vaisseau de 1er rang, que nous considérons comme devant être le modérateur de toute l'organisation maritime pour la formation des équipages.

En décomposant les hommes de ses cinquante séries, d'après la spécialité de leur service, nous trouvons en résumé :

1re *Section.* — *NAVIGATION.*

Manœuvre, 282 hommes : 8 seconds maîtres, 8 chefs de hune, 16 quartiers-maître, 99 gabiers, 16 caliers, 133 matelots de pont, 2 fourriers.

Voilerie, 11 hommes : 4 seconds maîtres, 3 quartiers-maîtres, 4 ouvriers.

Timonerie, 25 hommes : 4 seconds maîtres, 4 quartiers-maîtres, 17 timoniers.

Charpentage, 15 hommes : 3 seconds maîtres, 3 quartiers-maîtres, 9 ouvriers.

Calfatage, 14 hommes : 3 seconds maîtres, 3 quartiers-maîtres, 8 ouvriers.

Machine, 41 hommes : 1 premier maître, 2 maîtres, 6 seconds maîtres, 16 ouvriers chauffeurs, 16 matelots chauffeurs.

2me *Section.* — *SERVICES MILITAIRES.*

Canonnage, 494 hommes : 7 seconds maîtres, 60

quartiers-maîtres ou chefs de pièces, 120 chargeurs et premiers servants de gauche. 307 servants.

Mousqueterie, 142 hommes : 2 sergents, 2 caporaux d'armes, 138 marins.

Armurerie et Forges, 4 hommes : 2 seconds maîtres, 2 ouvriers.

3me *Section* — *SERVICE CIVIL.*

Gardiennage. 16 hommes.

Subsistances. 17 hommes.

ANALYSE DU PROGRÈS CONTINU DE L'ORGANISATION DU PERSONNEL DEPUIS LES ÉQUIPAGES DE HAUT-BORD. — PRINCIPAUX MINISTRES QUI Y ONT CONCOURU. — LES MATELOTS DE 1re CLASSE, DE 2e ET DE 3e CLASSE.

Depuis qu'animé des meilleures intentions du monde, Louis XVI a lancé la France dans la voie des progrès modernes, en prenant pour son premier ministre de la marine le célèbre chef de l'école Economiste, soixante-six ministres se sont succédé au ministère de la marine. Le vice-amiral duc Decrès et l'amiral baron de Mackau ont apposé leurs signatures aux mesures les plus essentielles qui aient signalé cette longue période : La création des équipages de haut-bord, le 18 mars 1813, et l'établissement du magasin général, le 15 janvier 1846. La création des équipages de haut bord avait posé un jalon et comme un point de repère pour l'organisation du personnel; l'établissement du magasin général a fondé l'ordre dans la comptabilité du matériel de la marine.

Quand un vaisseau fend la mer, orienté au plus près du vent par une jolie brise d'été, la lame qui déferle sur son gaillard d'avant dessine souvent un petit arc-en-ciel, depuis l'amure de misaine jusqu'au bout du bossoir; bientôt le soleil qui luit a séché le sel des embruns sur la joue du vaisseau; mais la moindre pluie, un coup d'éponge des gabiers de beaupré ont bien vite rendu aux noires murailles leur lustre primitif. Tel a été le sort de la plupart des règlements édictés sur le personnel par un certain nombre de ministres, on ne saurait en disconvenir, dans un but suivi de progrès et avec les meilleures intentions. Il est juste toutefois de faire une mention particulière au sujet du règlement du 19 octobre 1825, contresigné du comte de Chabrol, pour déterminer l'instruction et le mode d'examen des officiers mariniers et marins des équipages de ligne.

Les premiers équipages de ligne n'étaient en réalité que les équipages de haut-bord du 18 mars 1813, désignés sous un autre nom et mieux appropriés aux besoins de la paix. L'Empire avait légué à la Restauration une inscription maritime appauvrie : il fallait laisser le plus de marins possible au commerce et satisfaire en même temps les anciens officiers de la marine impériale qui reprochaient, avec une apparence de raison, au gouvernement royal d'avoir sacrifié l'avenir d'une pensée féconde à une rancune pusillanime. On ne pouvait pas reprocher aux nouveaux équipages de ligne d'être des foyers de Bonapartisme, ainsi qu'on l'avait fait pour les anciens équipages de haut-bord, ce qui leur avait valu tout d'abord d'être licenciés.

En examinant, au point de vue administratif et du recrutement, l'équipage dont nous avons mis la récapitulation sous les yeux du lecteur, on y trouve des mousses, des novices, des apprentis marins, des matelots de première classe, des matelots de seconde classe, des matelots de troisième classe, sans compter toute la série hiérarchique des officiers mariniers appartenant au matelotage et aux diverses professions maritimes.

LES MOUSSES, LES NOVICES, LES MATELOTS.

Au temps du ministère du comte de Chabrol, les mousses n'avaient pas encore été l'objet des tentatives d'organisation, au moyen des écoles qui ont si mal répondu au but de leur institution, au moins sous le rapport du nombre des sujets engagés. Les novices étaient ce qu'ils sont encore aujourd'hui, c'est-à-dire de jeunes marins de l'inscription maritime n'ayant pas rempli les conditions légales de navigation pour passer matelots de troisième classe; les apprentis marins sont des hommes du recrutement ordinaire qu'on voulait alors faire entrer pour la plus grande fraction possible dans la composition des premiers équipages de ligne et qui, comme les novices de l'inscription maritime, passaient de droit matelots de troisième classe après un temps déterminé de service à bord.

Il s'est présenté très peu de mousses des écoles, ou de jeunes volontaires du recrutement ordinaire qui aient contracté des engagements à seize ans, selon le vœu de la loi, pour passer d'emblée apprentis marins dans les compagnies permanentes d'équipage de ligne et être nommés matelots de troisième classe à dix-sept ans. Cette faveur, qui paraît avoir été dans l'esprit des législateurs de 1832, eût constitué un privilége très considérable à côté des marins de l'inscription maritime qui ne passent d'ordinaire matelots de troisième classe qu'à dix-huit ans révolus. C'est là vraisemblablement une des causes les plus décisives de l'insuccès des compagnies de mousses, aussi bien que des compagnies permanentes d'équipage de ligne. Quel marin, incorporé ou censé incorporé dans les compagnies, eût pu croire à leur permanence en voyant les lieutenants de vaisseau, appelés à les commander, ne faire qu'y passer comme des ombres chinoises? En marine, plus peut-être que dans la guerre continentale, qui est maître de la source est maître des bouches. Or, l'inscription maritime est la source principale du recrutement de notre marine militaire, puisqu'elle entre pour les deux tiers environ dans la composition des équipages. En Russie, aussi bien qu'en Suède, la pensée des équipages de ligne a eu un plein succès parce qu'on n'y avait pas une inscription maritime de nature à adultérer l'homogénéité nécessaire à toute organisation permanente. Nous avons déjà signalé l'inégalité de durée dans le temps de service des marins de l'inscription maritime et des marins du recrutement, comme ayant été un obstacle vital à la stabilité réelle des anciennes compagnies permanentes. Nous devons faire remarquer, en passant, qu'en Suède les équipages de la marine royale se composent uniquement de marins formés par l'État; les marins du commerce de la côte forment des classes assujéties à venir tous les ans faire un certain temps d'exercice militaire sur les canonnières de la flotte royale, et retournent ensuite chez eux. L'état d'hostilité dans lequel nous étions vis-à-vis de la Russie, quand nous avons eu occasion de visiter les côtes de la Baltique en 1854, ne nous a pas permis de vérifier une assertion équivalente pour les marins finlandais : tout nous porte à croire qu'il en est de même qu'en Suède, relativement aux exercices des canonnières pendant la belle saison.

Les gouvernements du Nord paraissent avoir pour maxime de ne recourir aux marins du commerce que dans des circonstances exceptionnelles : il ne saurait en être de même en France dont la population ne se porte pas aussi volontiers vers les choses de la marine.

AVANCEMENT DES MATELOTS.

Pour passer matelot de deuxième et de première

classe, quartier-maîtres de deuxième et de premiere classe, et premier maître, maître de deuxième et de première classe selon la profession maritime à laquelle ils appartenaient, les marins des premiers équipages de ligne étaient assujétis aux conditions d'un programme détaillé avec beaucoup de soin dans le règlement du 19 octobre 1825. Ainsi, par exemple, tandis que pour se présenter devant le jury d'examen, les seconds maîtres et premiers maîtres de manœuvre devaient posséder des connaissances approfondies dans tout ce qui regarde le matelotage, on leur demandait un peu moins en ce qui regardait la timonnerie, le canonnage et les manœuvres d'infanterie. Nous allons en donner une idée.

En ce qui regarde le canonnage, les candidats au grade de premier maître de manœuvre devaient être en état de professer le canonnage à bord, de diriger l'embarquement et le débarquement des poudres : ils devaient en outre connaître la confection et la distribution des gargousses dans les soutes et pendant le combat, les avantages et les désavantages des divers projectiles en usage dans la marine, et les circonstances où chacun d'eux doit être employé de préférence. En timonerie, il leur fallait savoir observer la hauteur des astres, la corriger des causes qui peuvent l'altérer, et en conclure la latitude du lieu, savoir en outre observer la déclinaison de l'aiguille aimantée l'amplitude et par l'azimut du soleil, faire le point et le porter sur les cartes réduites, déterminer la position du bâtiment sur la carte au moyen de relèvements pris sur la côte. Quant aux manœuvres d'infanterie, un premier maître de manœuvre devait être en état de commander une compagnie et connaître ensuite les dispositions pénales constituant le code de la marine.

Les conditions requises pour passer premier maître de canonnage de timonnerie ou capitaine d'armes étaient de tout point analogues à celles nécessaires pour passer premier maître de manœuvre. Ainsi, tandis que les premiers maîtres de manœuvre étaient astreints à posséder des connaissances théoriques supérieures aux *masters* de la marine anglaise, qu'on a vu parfois élevés au grade de commandeur, équivalent à celui de capitaine de frégate, sans avoir été lieutenants; en infanterie, les capitaines d'armes devaient savoir à fond l'école de bataillon.

On conçoit sans peine que les jurys d'examen se soient trouvés embarrassés pour rencontrer des sujets remplissant les conditions du programme officiel. Le règlement est donc tombé en désuétude sans avoir pu être appliqué. Bien qu'exagérés à beaucoup d'égards, les programmes d'examen n'en ont pas moins été une source de progrès véritables dans la marine. Les avancements des marins par les conseils de bord, qui sont une si excellente source d'émulation, en ont été pour ainsi dire le résultat immédiat. Que les matelots et officiers mariniers, promus dans l'une ou l'autre classe des grades nombreux de leurs professions respectives, aient ou n'aient pas été en état de satisfaire aux conditions du programme modèle, là n'était pas la vraie question ; ils n'en étaient pas moins stimulés à témoigner dans le cours ordinaire du service, vis-à-vis des officiers qui les commandaient, qu'ils étaient à hauteur de leurs fonctions du moment, et propres à celles auxquelles ils pouvaient prétendre. Il en est encore de même aujourd'hui. Disons, toutefois, qu'un programme, dans le genre de celui de 1825, aurait beaucoup plus de chance d'être appliqué maintenant. Le progrès des lumières a fait fondre bien des préjugés. Quoi qu'il en soit, les vrais matelots, qui ont en général l'amour-propre de leur noble profession, tiennent beaucoup aux petits avancements des conseils de bord. Rien ne les ravit comme un supplément de gabier, de canonnier, de chef de hune, de patron d'embarcation, qui est accordé à propos. On en pourrait dire autant des ouvriers des professions maritimes, tels que voiliers, charpentiers, calfats, etc. Les conditions théoriques et pratiques sont combinées dans de sages proportions pour l'avancement des mécaniciens qui, au reste, n'est pas le même que celui des autres marins.

IL N'Y A QUE DEUX CLASSES DE MATELOTS EN ANGLETERRE.

Les Anglais n'ont que deux classes de matelots au lieu d'en avoir trois comme chez nous. Cette absence d'un échelon dans la hiérarchie du matelotage tient au génie particulier des Anglais qui n'aiment pas à compliquer ce qui, à la rigueur, peut se passer de complications, et n'admettent pas volontiers dans la marine autre chose que les distinctions nécessaires des matelots et des matelots d'élite (*able seamen*). Voilà donc tout ce qu'on rencontre dans la composition des équipages anglais à la suite des petites troupes du Master, du Canonnier, du Charpentier, du Voilier, etc. D'après ce que nous venons d'exposer, il est aisé de voir que les deux marines ont assez d'analogie en ce qui regarde la hiérarche des divers grades parmi les officiers mariniers et matelots.

UN VAISSEAU AMIRAL EST UN MOULE A MATELOTS.

Si pour faire un soldat il faut un régiment, pour faire un matelot il faut un vaisseau. Un vaisseau amiral est un moule à matelots. Notre marine a toujours eu des vaisseaux armés en plus ou moins grand nombre, ne différant les uns des autres que par leur dimension ou la nature de leur armement. Ce n'est d'aucun de ces objets qu'il saurait être question ici. Les Anglais possèdent depuis longtemps, je ne veux pas dire de temps immémorial, des vaisseaux de premier rang, battant au grand mât le pavillon amiral dans les ports de Portsmouth et Plymouth ; ils paraissent remplir, à l'égard des autres vaisseaux, le rôle des reines dans les ruches d'abeilles. Ils sont en quelque sorte les générateurs de leurs équipages, et sont dans tous les cas les régulateurs des armements. On ne les dérange jamais à moins des circonstances les plus urgentes, comme quand, pour transporter à Bomarsund le corps du maréchal Baraguey d'Hillers, l'amirauté, se trouvant prise au dépourvu, eut recours au trois ponts le *Royal-William*, qui était alors le vaisseau amiral du port de Portsmouth.

Mais, dira-t-on, notre marine ne saurait en aucune façon être comparée à la marine anglaise; nous avons l'inscription maritime, les Anglais tout aussi bien que les autres puissances maritimes de l'Europe nous envient cette institution unique. Tout le monde aurait-il à son égard une aussi bonne opinion que sir Charles Napier, que les règles les plus élémentaires de la bonne constitution d'une marine n'en seraient pas moins violées parmi nous, qui mettons à terre le pivot de rotation de notre marine au lieu de la faire flotter sur l'eau.

Tous les officiers généraux de la marine, sans en excepter un seul, n'ont-ils pas remarqué devant la commission d'enquête que les meilleurs matelots s'altéraient dans les casernes des équipages de ligne devenues maintenant les équipages de la flotte ? D'ailleurs, il s'en faut de beaucoup que les Anglais soient aussi au dépourvu d'institutions de prévoyance pour la réserve de leur flotte de guerre qu'ils le disent volontiers, et qu'on se le figure assez communément en France.

LA GARDE COTIÈRE D'ANGLETERRE COMPARÉE A NOTRE INSCRIPTION MARITIME.

Si nous avons cinquante quartiers d'inscription maritime, pour l'enrôlement et la levée des matelots, dans les cinq arrondissements qui se partagent les côtes continentales de l'empire, les Anglais ont divisé les côtes du Royaume-Uni en quatre-vingt-huit districts d'inspection et cent soixante-quatre chefs-lieux de quartier. L'organisation française est plus simple; car cinquante officiers de l'administration de la marine font chez nous plus de besogne que quatre-vingt-huit commanders et cent soixante-quatre lieutenants sur les côtes d'Angleterre. Outre le service de la garde de la côte, les Anglais ont, depuis la fin de 1853, six divisions de marins prêts à être enrôlés dans le corps royal des volontaires de la côte; chaque division a son quartier-général à bord d'un navire de guerre qui lui sert de point de ralliement.

On ne saurait se dissimuler que l'inscription maritime, telle que nous la possédons, ne paraisse avoir sur la garde côtière de l'Angleterre une supériorité qui tient à la simplicité de son organisation. Toutefois, si cette économie, dans le personnel civil exclusivement affecté en France à l'administration de l'inscription maritime, a causé les anciens revers de notre marine et faussé sa constitution depuis les beaux jours de Louis XIV, on ne saurait disconvenir que ça été une économie tout-à-fait ruineuse; mais on ne refait pas le passé. Les Anglais ont voulu que leur marine marchande fût libre de toute servitude militaire pendant la paix, sauf à réserver à la couronne le droit de la presser à volonté pendant la guerre, quand les grands intérêts de la patrie l'exigent impérieusement. En France, on a voulu que les marins appartinssent en quelque sorte à l'Etat, qui ne fait que les prêter au commerce quand la paix réduit les armements de la marine militaire. Les sages conseillers, les personnages expérimentés qui ont dû être consultés dans les deux pays, ont sans doute pesé de part et d'autre des raisons diverses et contradictoires pour adopter, sur les deux rives de la Manche, deux organisations si diverses. On ne discute pas plus le génie que la religion des peuples; il ne saurait donc être question pour nous que de perfectionner le présent en s'appuyant sur les remarques des hommes les plus compétents, et tenant un grand compte des traditions du passé.

BESOIN DE PERFECTIONNER L'INSCRIPTION MARITIME SIGNALÉE PAR LE VICE-AMIRAL LEBLANC.

Le vice-amiral Leblanc, ancien préfet maritime au port de Brest, était loin de penser que l'inscription maritime, telle qu'elle fonctionne habituellement, donnât les meilleurs équipages sur les vaisseaux de l'Etat : « Je ne voudrais pas surtout, disait cet honorable officier général à la commission d'enquête, garder, dans les divisions d'équipages de ligne, cette multitude d'hommes chétifs, étiolés, qui proviennent de la levée permanente. Pour avoir un bon équipage aussitôt armé, il faudrait recourir à une levée accidentelle : cela n'est pas douteux; la levée permanente ne fournirait rien qui nous permît d'armer un bâtiment de guerre, car il faut qu'un tel bâtiment ait, en sortant du port, des hommes capables de le manœuvrer et de le défendre. »

De la déposition authentique de l'amiral Leblanc, il résulte qu'il y a un choix à faire dans la levée permanente des marins de l'inscription maritime pour avoir de bons équipages. Où, quand et comment ce choix se fera-t-il ?

EXAMEN CRITIQUE DE DIVERS MOYENS POUR FAIRE UN CHOIX PARMI LES MARINS DE L'INSCRIPTION MARITIME.

S'il y avait à chaque quartier d'inscription maritime un officier et un chirurgien de marine, chargés d'examiner les marins, désignés pour le service par le commissaire du quartier, les levées perdraient immédiatement ce cachet d'autocratie légale qu'elles ont en France, depuis que châtiés pour la rébellion de la Rochelle, les gens de mer de la Saintonge et du pays d'Aunis, devenus Ventres-Rouges pour Ventre-Saint-Gris, furent assujétis, de par le cardinal duc de Richelieu, à venir tous les ans apprendre, sur les vaisseaux de Louis XIII, le respect du pouvoir royal et du culte catholique. Car telle a été l'origine de cette inscription maritime à laquelle le grand ministre de Louis XIV a su donner un cachet d'institution si bienfaisante, par le moyen des délégations, des mois de famille, des secours payés aux veuves et aux orphelins sur la caisse des Invalides, que les populations de la côte ont partout oublié la tyrannie de son origine. D'ailleurs, depuis que le fardeau a été également réparti entre tous les quartiers de la famille maritime et entre les marins d'un même quartier, la charge a été notablement allégée pour tout le monde. Afin qu'une même famille ne fût pas exposée à être privée de tous ses membres à la fois, le maréchal de Castries avait jadis ordonné que tous les marins d'un même nom ne fussent pas portés les uns à la suite des autres sur les rôles des commissaires de quartier. La plupart de ses successeurs ont adopté quelque mesure bienveillante dans l'intérêt des marins. Quoi qu'il en soit, au point de vue qui nous occupe, il ne serait guère opportun de détacher des cadres habituels de l'état-major de la marine, cinquante officiers de vaisseau pour le service des cinquante quartiers de l'inscription ; quant aux chirurgiens, si l'on en détachait quelques-uns dans certaines localités pauvres du littoral, ils pourraient certainement rendre un service analogue à celui des soixante-six anciens chirurgiens affectés an service des ambulances de matelots sur la côte et dans les îles perdues du littoral du Royaume-Uni.

M. Gauthier de la Ferrière, ancien commissaire général de la marine, a signalé à la commission d'enquête un mode d'inspection qui pourrait être passé avec beaucoup d'avantage, dans les divers chefs-lieux de quartier. Voici sa déposition :

« Dans les anciens temps, il y avait dans les ports une cayenne, administrée par le bureau des armements; c'était lui qui envoyait les hommes à la cayenne, qui les nourrissait, qui les gardait, jusqu'au jour où l'officier de marine venait former son équipage. C'était irrégulier, sujet à abus. On a substitué la division des équipages de ligne aux anciennes cayennes; les équipages de ligne sont ainsi devenus le dépôt du recrutement de la flotte.

« L'ordonnance du maréchal de Castries avait établi des inspecteurs des classes, vérifiant constamment les opérations des chefs des classes auprès desquels ils résidaient (classes et inscriptions maritimes sont deux termes synonymes dans le langage de la marine); la loi du 3 brumaire, an IV, les a supprimés; si vous me demandez mon avis, je vous dirai qu'une inspection permanente des classes faite, dans chaque arrondissement, par un ou deux individus tenus de voir dans le quartier les matricules, les rôles d'armement, etc., qui ne rempliraient pas leur tâche en passant, mais qui, pendant un mois, deux mois, viendraient s'asseoir dans le bureau du commissaire de l'inscription maritime, de manière à ce que toutes les opérations passassent sous leurs yeux, qui y entendraient les réclamations....., cette inspection, dis-je, serait une chose fort utile, et qu'on obtiendrait à peu de frais. — Dans l'état actuel des choses, un commissaire de quartier peut lever un homme ou ne pas le lever, comme il l'entend. Je tiens pour complètement en lacune cette partie du service de l'inscription ; je tiendrais cette lacune pour comblée, si l'inspection, telle que je viens de l'indiquer, était rétablie : je voudrais la confier à des officiers en retraite pris dans les divers corps de la marine. »

Ainsi, ancien chef du service de la marine à Saint-Servan, et envisageant la levée permanente au point de vue de l'égalité de justice distributive pour laquelle les Français sont si chatouilleux..., M. Gaulthier de la Ferrière trouvait que l'inscription maritime offrait une lacune fondamentale par l'absence d'un contrôle efficace, et il aurait voulu le confier à des officiers en retraite ; ancien préfet maritime de l'arrondissement de Brest, le vice-amiral Leblanc, examinant la levée permanente au point de vue de la composition des équipages, a trouvé qu'elle laissait beaucoup à désirer. Pour remédier à l'inconvénient très-grave qu'il a signalé, nous avons émis l'idée qu'on pourrait essayer de mettre dans les quartiers soit des officiers, soit des chirurgiens de marine, pour y présider à un certain choix, parmi les marins levés pour le service. Mais irons-nous compliquer mal à propos le service de l'inscription maritime en établissant dans chaque chef-lieu une sorte de conseil de révision? les états-majors de la garde côtière ne nous paraissent pas être ce qu'il y a de mieux à se proposer comme modèle dans les institutions britanniques.

Admettons que les deux hautes autorités, que nous avons pris la liberté de mettre en avant, se laissant aller à l'ardeur du mieux qui est le travers des âmes généreuses, aient exagéré quelques petites misères inséparables des institutions humaines, voilà l'inscription maritime qui fonctionne d'une manière admirable : il n'y a plus de passe-droits, chaque matelot, classé sur les rôles d'équipage, est levé à son tour pour le service, les grands centres d'armement de la marine militaire ne voient plus affluer que des hommes robustes, des matelots parfaits.

C'est dans ces centres évidemment que l'on doit placer l'axe de rotation de la marine. Il n'est pas indifférent que le pivot de l'armée navale soit planté à bord ou à terre, que les rouages qui concourent à son mouvement soient trempés et engrenés d'une façon ou d'une autre.

Tant que la France armera des vaisseaux, les matelots levés dans l'inscription maritime seront dirigés sur le port d'armement, que ce soit par terre ou par eau, peu importe; là ils seront répartis sur les navires qu'ils doivent armer, feront campagne partout où on les enverra dans les diverses mers du globe, reviendront désarmer au port et retourneront dans leur quartier pour être levés encore, quand l'Etat aura besoin d'eux et accomplir les mêmes évolutions. On voit par là que, pour se rendre compte des choses de la marine, c'est dans un port d'armement qu'il faut établir son centre d'observation.

LA FORMATION DES ÉQUIPAGES EN PERSONNEL MATELOT SOUS L'ANCIEN RÉGIME.

Avant 1789, ainsi que le disait M. Gaulthier de la Ferrière à la commision d'enquête, les matelots levés dans les quartiers étaient dirigés sur les ports où on les logeait dans une cayenne. C'était quelque vieille carcasse de vaisseau transformée en caserne flottante, administrée par des commissaires de marine siégeant au bureau des armements. Dans les anciens temps aussi, toujours avant 1789, les officiers nobles, chargés de commander les vaisseaux du roi, allaient dans ces dépôts de matelots enlevés au commerce en apparence, mais rentrés de fait sous l'autorité de leur maître légitime, choisir ce qu'il y avait de meilleur pour composer leur équipage. Le bureau des armements écrivait au fur et à mesure les hommes choisis, et à la fin, les cadres étant pleins, l'équipage était constitué par la revue d'un commissaire de marine qui venait à bord, au nom de l'amiral de France, pour recevoir le serment des officiers et des matelots. Le tout était logique et conforme aux idées du temps. Quel noble capitaine de vaisseau de l'ancien régime aurait voulu se charger de mettre de l'ordre dans ces tristes cayennes flottantes, où des matelots des classes, vêtus de leurs plus mauvais habits, attendaient qu'on vînt les choisir pour en faire des hommes de guerre sur la flotte du roi? Evidemment il eût paru déroger.

On conçoit, du reste, que ce mode de formation des équipages sous l'ancien régime, magnifique de commodité, n'ait pas été exempt des abus de toute nature qu'on lui a reprochés. Les ténèbres engendrent toutes sortes de désordres à bord aussi bien qu'à terre, dans les cayennes d'autrefois comme dans les sombres quartiers du vieux Paris.

En résumé, sous l'ancien régime, le bureau des armements pouvait être à bon droit considéré comme la cheville ouvrière et l'axe de rotation de la marine, puisque c'est là que tout venait aboutir pour l'armement aussi bien que pour le désarmement des vaisseaux.

FORMATION DES ÉQUIPAGES AUJOURD'HUI.

Examinons ce qui se pratique aujourd'hui en vue de nous rendre compte des progrès accomplis depuis que le vieux régime des cayennes a été aboli. Il faudrait tout-à-fait vouloir s'abuser soi-même, pour se figurer que des abus aussi palpables que ceux inhérents au système des cayennne aient pu échapper à la pénétration du grand Capitaine, à l'œil d'aigle de l'homme prédestiné qui a organisé la France impériale.

Ce n'est pas ici le lieu de développer les vicissitudes subies par les institutions impériales des bataillons de flottille, des bataillons de marine, et des équipages de haut-bord. Après l'île d'Aix, comme après Trafalgar, Napoléon Ier avait su plier l'organisation des équipàges de ses vaisseaux à l'exigence des circonstances; et le témoignage de tous les contemporains atteste que les équipages de haut-bord ont soutenu et vivifié le courage de nos marins pendant les dernières années du premier Empire. La Restauration, en dépit de ses répugnances pour l'illustre fondateur d'une nouvelle Dynastie, a marché sur ses brisées. Le gouvernement de Juillet, la république de 1848, le deuxième Empire ont suivi la voie ouverte par le décret du 18 mars 1813.

Car les deux premiers équipages de la Restauration n'ont pas été autre chose que deux équipages de haut-bord débarqués : ils renfermaient chacun quatre compagnies au lieu d'en contenir cinq, comme les équipages de 699 hommes destinés aux vaisseaux de 74 et de 80, ou six comme les équipages de 908 hommes destinés à armés les vaisseaux de 110 et de 120 canons. Le gouvernement de Juillet, continuateur de l'œuvre de la Restauration en matière d'équipages de ligne, reconnut bientôt que des équipages de quatre compagnies ne correspondaient pas, il s'en fallait de beaucoup, aux besoins de l'effectif d'armement des bâtiments divers qui composent le matériel de la marine. On réalisa donc, dans les nouvelles divisions d'équipages de ligne, ce qui au fond avait été la première pensée des équipages de haut-bord, savoir : des dépôts et des compagnies. Seulement, les nouvelles compagnies étaient déclarées permanentes. On pouvait les fractionner en deux sections afin de satisfaire aux conditions d'armement des navires qui ne comportaient pas l'embarquement d'une compagnie entière. Tandis que les équipages de 1813, généralement embarqués, avaient été créées en vue d'un ou deux types de vaisseaux auxquels ils s'adaptaient assez bien, les compagnies permanentes se pliaient pour ainsi dire aux exigences de l'armement de tous les navires. Elles ont constitué l'unité d'armement de la marine de l'Etat, jusqu'au jour où l'Empereur, sur la proposition de l'amiral Hamelin, a reconnu l'homme pour la seule unité militaire dans la marine. (Décret du 5 juin 1856).

Depuis le 1er janvier 1857, les anciennes divisions d'équipages de ligne sont devenues les divisions des équipages de la flotte. La marine ne reconnaissant plus d'autre unité militaire que l'homme, on voit que les anciens équipages de haut-bord sont tout-à-fait décomposés en leurs éléments les plus irréductibles. Il n'y a plus à terre dans les divisions que des compagnies de dépôt.

C'est ici le moment de se demander quelle pensée avait en réalité inspiré les équipages de haut-bord et si l'on en a bien tiré le parti le plus convenable. Nous avons démontré que l'organisation actuelle de la marine diffère de ce quelle était sous l'ancien régime en ce que le dépôt des équipages de la flotte est renfermé tout entier dans des casernes au lieu d'être mi-partie dans des casernes, mi-partie dans des cayennes. Car, avant 1789, les compagnies de matelots canonniers et de matelots fusiliers, organisées militairement sous les ordres d'officiers de vaisseau, étaient logées dans les casernes magnifiques qu'on peut voir encore à Brest et dans les autres ports de guerre. A la vérité, les marins de l'inscription maritime, qui composaient la majeure partie des équipages, étaient entassés sur des cayennes, dont nous avons essayé de donner une idée.

Que pouvait vouloir Napoléon Ier dans son organisation militaire et terrestre, sinon projeter des flots de lumière dans l'organisation du personnel, comme on l'avait vu chercher à se rendre compte de l'organisation du matériel, quand, descendant de cheval sur les plages de Boulogne, il s'arrêtait des heures entières à faire vider des bateaux plats en présence du ministre de la marine? Nous avons fait défiler sous les yeux du lecteur l'équipage de haut-bord le mieux organisé qui soit résulté des études de la marine dans l'organisation du personnel, depuis le décret de 1813. L'espèce de cayenne, décorée d'un pavillon amiral, où le vice-amiral Grivel voulait faire conduire les matelots à leur arrivée au service, pour y être lavés et nettoyés, baptisés en un mot, du baptême de la marine impériale, serait certainement un très-grand progrès. Nous avons voulu lui donner toute la valeur dont il est susceptible, en faisant de son grand mât, surmonté du pavillon amiral, l'axe de rotation de la marine; car c'est par son centre flottant que devrait passer la ligne de démarcation, qui sépare le service de la marine militaire de celui de la marine marchande.

Si l'unité navale est l'homme, ne conviendrait-il pas de donner à l'homme la plus grande valeur relative ? Il y a aujourd'hui dans la marine impériale des hommes d'autant de valeur relative qu'il y a d'espèces de navires dans la flotte, des matelots de cotre, de goëlette, d'aviso, de corvette, de frégate, etc., etc. ; dans la marine impériale, tout matelot doit se sentir matelot d'un vaisseau de premier rang. On dit que dans la campagne de France, partout où était plantée la tente impériale, les ennemis savaient qu'ils avaient affaire avec une armée de cent mille hommes, tant les soldats sentaient le rayonnement du grand Capitaine; il en serait de même des matelots grandis au contact d'un vaisseau à trois ponts.

A l'origine des équipages de haut-bord, chaque

équipage avait son dépôt. A Brest, à Anvers, à Toulon, les dépôts étaient réunis sous les ordres d'un capitaine de vaisseau ou de frégate ; il y avait donc dans les équipages de ligne, des compagnies de dépôt à côté des compagnies permanentes. On voit bien ce que sont devenus les dépôts des équipages de haut-bord ; mais, dans les nouveaux équipages de la flotte, on ne reconnaît plus les compagnies.

« Il ne doit y avoir à bord du vaisseau, écrivait le Héros de l'Italie et de l'Égypte, qu'une seule autorité, celle du capitaine, qui doit être plus absolue que celle des consuls dans les armées romaines. »

En inaugurant les nouveaux équipages de la flotte, le 1er janvier 1857, on a licencié du même coup les compagnies permanentes de cent trois hommes qui formaient le cadre réglementaire des anciennes divisions d'équipages de ligne. Mais aujourd'hui, comme aux jours de Duquesne et Duguay-Trouin, comme du temps des équipages de ligne, comme toujours, chaque vaisseau, chaque frégate, chaque navire de toute grandeur, a sa compagnie unique, dont l'effectif correspond, en tout temps, aux conditions accidentelles de son armement.

Le capitaine de chaque navire armé sera-t-il chargé de composer la compagnie de son équipage, en en puisant les éléments dans les diverses compagnies de dépôt des équipages de la flotte?

Ce serait livrer les divisions à une véritable anarchie. On ne peut vouloir investir les cent cinquante capitaines des cent cinquante navires, que la marine impériale maintient d'ordinaire à l'état d'armement, d'un pouvoir pareil à celui indiqué par le Vainqueur des Pyramides. Un tel régime serait par trop en contradiction avec les principes d'ordre et d'unité dans le commandement, qui sont comme le trait distinctif du système impérial, pour pouvoir être discuté un seul instant.

A qui donc confiera-t-on le soin supérieur de former les compagnies ou plutôt l'équipage des divers navires armés ? Il est évident que c'est là une fonction des plus essentielles dans l'organisation militaire de la marine ; et tant qu'elle ne sera pas placée dans des conditions à pouvoir être remplie d'une manière convenable, il faut s'attendre à des inconvénients majeurs. De la déposition du vice-amiral Leblanc, devant la commission d'enquête, il résulte que les majors généraux n'avaient pas un pouvoir suffisant pour la bien remplir du temps des équipages de ligne.

Qui en serait chargé, si l'on avait dans chaque

port un vaisseau patron, battant au grand mât le pavillon amiral, comme le demandait le vice-amiral Grivel à la commission d'enquête ?

Le cardinal duc de Richelieu, le premier homme d'État qui se soit occupé avec suite à constituer la France des temps modernes, se fit nommer, par Louis XIII, grand maître et surintendant de la navigation ; à sa mort, Catherine de Médicis lui succéda dans cette grande charge de la couronne.

La grande maîtrise, abolie sous Louis XIV, suscita, dès l'origine du ministère de Jean-Baptiste Colbert, l'amirauté de France, institution distincte du ministère de la marine, et qui avait si bien sa valeur intrinsèque que le roi la confia tout d'abord à un enfant de deux ans, prince légitime.

La constituante mit, pour ainsi dire en morceaux, l'amirauté de Louis XIV, dans les mains octogénaires du duc de Bourbon-Penthièvre, et en partagea les débris aux chambres de commerce et aux tribunaux ordinaires, dont l'insuffisance évidente a suscité, en 1852, le décret-loi si utile à la discipline de la marine marchande qui fera vivre le nom de Théodore Ducos.

A la place de l'ancienne amirauté évanouie (elle

était avant tout une juridiction émanée de la magistrature suprême), le premier Empire a mis le roi Murat, la Restauration le duc d'Angoulême.

La responsabilité directe de chacun des ministres, dans les affaires de leur ressort, est un des articles fondamentaux de la constitution de l'empire.

Le ministre de la marine est donc en fait le seul patron naturel de la marine marchande et de la marine militaire, dans le gouvernement impérial ; il est amiral de France.

Si, nonobstant, les observations du préfet maritime de Brest, le ministre de la marine eût, en raison de circonstances urgentes, donné au vice-amiral Leblanc l'ordre formel de mettre son pavillon à bord du *Valmy*, et qu'il en fût résulté quelque catastrophe pareille à celle de la frégate la *Sémillante* ou toute autre encore plus douloureuse pour l'amour-propre national, un autre général en chef de l'armée d'Égypte n'eût-il pas été en droit de faire, à la constitution de la marine, les mêmes reproches que nous avons été induits à rappeler au commencement de cet écrit ?

Nous avons fait connaître la solution qui nous

paraît la plus convenable pour combler la lacune de notre organisation maritime.

F.-X. FRANQUET.

Lieutenant de Vaisseau en retraite.

TABLE DES MATIÈRES.

FIN DE LA TABLE.

PARIS. — IMPR. MOQUET, 11, RUE, DES FOSSÉS S.-JACQUES.

www.ingramcontent.com/pod-product-compliance
Ingram Content Group UK Ltd.
Pitfield, Milton Keynes, MK11 3LW, UK
UKHW021542260726
13993UKWH00002B/591

9 782329 435923